徐亦立 著

不须归

生活不止在云端

Title: Carefree Journey: Life beyond the sky
First edition
Editing by Qinfeng Zhang
Front cover and book design by Qinfeng Zhang
All photographs by Yili Xu unless otherwise credited
First printing January 2020
Published by Comte Barcelona

ISBN: 978-84-121437-0-6 (Paperback Edition)
ISBN: 978-84-121437-1-3 (Digital Edition)
Visit https://comtebarcelona.com

书名：不须归：生活不止在云端

著者：徐亦立
版次：2020 年 1 月第 1 版
责任编辑：张秦峰
排版设计：张秦峰
出版发行：巴塞罗那伯爵出版社

ISBN： 978-84-121437-0-6 （平装版）
ISBN： 978-84-121437-1-3 （电子版）

详情可访问网站： https://comtebarcelona.com

作者简介

徐亦立，上世纪七十年代出生于苏州，九十年代移居到上海。先后获得文学士和工商管理硕士学位，并进修心理学课程。作为资深人力资源管理者，曾任职于多家知名跨国公司；作为经验丰富的咨询顾问，服务过众多国际和国内企业；作为充满激情的演讲者，多次主持行业盛会和担任主讲人，深受欢迎。

从大学开始写作，现为知名人力资源作家，《中欧商业评论》撰稿人，在《人力资本管理》和《HR Value》杂志常设专栏，文章还发表于英文杂志《CIO Advisor》等。活跃于职场社交媒体，在领英有近两百万关注者，并入选"领英行家""领英最强音"和"领英最强档案"。2019年获得"大中华区人力资源管理卓越成就奖"。

作者的几句废话

《不须归》收录旅行笔记。标题出自唐代诗人张志和的《渔歌子》，"青箬笠，绿蓑衣，斜风细雨不须归"，诗中呈现怡然自得、乐而忘返的境地，唯在途中方可体会。

《戏笑醉》收录幽默文字。标题出自窦唯先生与译乐队合作专辑《雨吁》里第九首《喜调》，音乐里随性自在、不拘一格的调子，正如写出来的段子，无论好不好笑。

《欢喜对》收录二零一六年写的九篇专栏，以两人对话的形态展开，自成一个系列，既是我转换叙述主体的实验，又是向钟爱的相声艺术致敬。

整理这三本书，给自己一个交代，轻身再往前走。

不须归，也无法归

余泽民

《不须归》，徐亦立在他的那篇"废话"里特意为这书名引经据典地作出了解释，说这仨字取自唐代诗人张志和的一句词"斜风细雨不须归"，讲乐而忘返。读完书稿，我还真觉得这句解释是句废话，因为那句词只让我看到倪瓒或董巨的某幅山水画，看到画上一个蚊子大小的蓑衣渔翁，而这本书说的讲的要比那句词的意境复杂得多。乐而忘返，不乐也不返，甚至返也不返，身不游神游，如果说张志和的"不须归"写的是一时的心境，那么徐亦立的"不须归"表露的则是一种生活态度。我褒这个书名，干净利索，像是对昆德拉的《生活在别处》作出呼应；但贬他的解释，把自己书的格局变小了。在我看，不须归，就是不须归，人生就是单向街，想归也无法归。

我跟徐亦立只在布达佩斯见过一面，看到他写在文章里了，但那次见面给我印象挺深，一是我本想带他去《忧郁的星期天》里写的那家老饭馆文艺一下，结果很没脸，几个月前被卖掉改成酒吧了，二是初次见面就聊得很随意，他也喜欢游走和书写，而且对欧洲文化充满了激情。一口答应给这书写序，正是基于那次的印象。

当然，这书里写欧洲的只有很少几篇，但写了很多欧洲外的别处，甚至不仅地理上的别处，还有精神上的别处，甚至还有从稀奇古怪角度观人观己时所站在的别处，读来有趣。读了这篇，不知道下篇会说什么，说完西藏说首尔，刚说完犹太人改"高领毛衣"（借松落兄的幽默），就在摩洛哥撞见了张贤亮（通过他姐）；后面两部分的内容更是出其不意，一会儿王婆卖瓜，一会儿写英语沟通，一会儿基情，一会儿三人行，还通过对话展示了几张有趣的面孔……能把我看乐了的，是小奇老问的那句："你喜欢花样滑冰吧？"尽管知道是个套，但在读到结尾时，我还是不假思索地在心里回答：特喜欢！结果把自己乐喷了。光看写小奇的这篇，就感觉他有写小说的天赋，至少擅摆龙门阵。

读字识人。读完这本书，我对徐亦立有了几点近距离的了解。一是实诚，写第一次去西藏被震撼的感受，都要老老实实地交代是"和当时的爱人去见她的前老板"；二是浪漫，他在摩洛哥旅途中听来一句柏柏尔人谚语：A camel can take you through desert; a woman can take you through life. 他居然说"这句子是如此美、如此深邃、如此动人，我无从翻译。"我心里暗想，这么一句鸡汤就能把他感动得一时忘记了自己的life是被几个woman take through的，纯得可爱；三是文艺，比如他大谈年轻时读张贤亮小说的记忆；四是思维奔逸，估计这是他职业的缘故，演讲家嘛，必须知识面广，耳听八方；五是鼓动性强，他的文字简洁精炼，擅于观察和拣选素材，每篇都很适合朗读或做广播故事，读起来不累，趣味横生。

另外，阅读中我生出过一个小嫉妒，他无意中提到有一个至今仍能做驴友的老朋友，人到中年还能留下这样的朋友，值得珍惜。

总之，读者也可以像我一样通过这本书对徐亦立的生活做个小小且轻松的冒险，跟他走几个地方，想几件事，结识几个人。书的意义不就是这个，补充你没过过的生活。

不须归，也无法归，因为别人讲的东西你一旦知道，就留在了你的脑子里，成了一块"别处"的砖石。这样的砖多了，你就是别处。

2020 年 1 月 12 日，布达佩斯

（余泽民先生是旅居匈牙利的作家、文学翻译家）

目录

不须归

戏笑醉

欢喜对

不须归

奔藏

我从大海来到落日的中央

—— 海子

每个去西藏的人，心中多少都怀有观看风景以外的诉求。我也不例外。我去寻求结局。关于旅行的结局，关于摄影的结局，关于心理治疗的结局，关于死亡观念的结局。

我想我不是第一个来到西藏的 *disillusioned bitter cynic*（幻想破灭，心怀不平的愤世者），也不会是最后一个。之前来的人，有的找到了爱，有的找到了内心平静，有的找到了冬虫夏草。

头一次在脑海中产生去西藏的念头时，我甚至都还没真正踏上旅途。我和当时的爱人去拜访她的老板，他饶有兴致地向我们叙说了自己在西藏和尼泊尔旅行的经验。

但这个念头也只是一闪而过，在那一刻，我，和其他毕业不久的企管硕士一样，有很多"正经事"要做，生活正无限展开。

然后，很突然地，一切都崩塌了。最后还是从灰烬中走出来的我，在一次临时起意的尼泊尔之行中，重新找到了生活的支点。

而此后一发不可收的旅行中，"四周都是异乡"的感觉，跃然眼前，恰如一直缘悭一面的真实人生。

不知不觉间，自己已经去过了世界五大洲，和中国所有的省市自治区直辖市特别行政区。除了西藏。

让这段并非完全自发、奇特的路程，在神话土地划上一个句号，也该是题中自有之意。出发前我写给所有通讯录上的人们，宣布即将开始"人生最重要的旅行"。

远方就是你一无所有的地方

—— 海子

有个朋友描述她的朋友的西藏体验：南迦巴瓦的震撼力无法言传，眼里满是涌出的泪水。而我"以为得到时间的青睐，以为旅途没有了意外"。我出发时期望很低，我甚至做好准备像某个年龄和体形都相仿的朋友一样，第一天上去，第二天病倒，第三天下来成都，又变得生龙活虎，直奔宽巷子泡吧。任何不比它差劲的结果我都可以接受。

实际上我根本没有强烈的不适感。我甚至没有采取特别的措施，比如连续口服红景天之类的。我只是很小心，很缓慢地行动，决不奔跑，或者做其他高耗氧活动。上楼梯是很艰难的事，在大昭寺爬上二楼后我呼吸急促起来，又怕给人笑话，只能偷偷喘气，后来听到藏族导游也在喘，我才放心大口呼出来。第一个晚上当然睡得不好，像婴儿般时时醒来。五月二号夜里，大家都睡得特别好，分析下来有四个可能原因：

- 夜里下雨了，空气湿润。

- 大家进藏第三天适应了高原。

- 昨晚的捏脚。

- 本·拉登死了。

实际上我认为，心情开朗是对付高原反应的最好办法。

在拉萨总是能遇到有特色的人，我无意重复其他人对八廓街上那些转经的人群的描写。

在茶室碰到一位九十多岁来自当雄的老人，一辈子只是喝甜茶吃糌粑，除了来拉萨拜拜外，没有太多的欲望。古董店老板是康巴人，讲价的时候很大声，每个句子都是以"*Ai-ya, Ai-ya*"结尾的，韵律十足。他妻子长得很漂亮，缀有红珊瑚的耳环非常夺目。据说康巴人中仍然保留几兄弟共娶一妻的习惯，但并没有因此而听说那里有剩女问题，虽然从统计学上这应该是必然的结果。

大多数时间呆在拉萨周边，自然风景并不出色，好在这也不是我来此的目的。去了很多的寺庙，各有其特色与精华所在。大昭寺里佛祖十二岁等身像是最尊贵的宝物，贴着厚厚的金粉，富态逼人；小昭寺里有另一座小得多的等身像；上下密院虽小却是研究密宗的最高学府；色拉寺以辩经活动出名；哲蚌寺则是以规模宏大位列第一闻名；桑耶寺则与莲花生大师的众多事迹有关；甘丹寺是宗喀巴大师亲立的，至今仍是格鲁派理论上的法座继承人；财神庙里则可以看到中原舶来的神仙和白酒祭祀的风俗。出了拉萨，江孜的白居寺里的壁画和白塔值得一观，而萨迦寺作为同名教派的主寺，其中的经书墙令人叹为观止；日喀则的扎什伦布寺则是后藏的宗教中心。

在哲蚌寺里看到强巴佛像，安详慈蔼，让我心里停止了荡漾。头一次我在宗教场所向神祇默默地祈求自己的愿望可以实现。离开西藏的火车上，我盘算自己已经去过藏传佛教格鲁派（黄教）的六大寺，作为一个不信教者，这是一个诡异的成就。

从拉萨到西安是三十六小时的漫长旅程，与同车厢的德国朋友打牌之余，我阅读了两本关于西藏宗教的书，并为之深深着迷。但无论我对佛教有多少的景仰，恐怕也不会像我的朋友"茶缸"那样皈依，因为佛教在不可思议与不可理喻的境界，所要求的那种彻底的不许起疑问的绝对信心，我并不具备。

按照一个古老的玛雅寓言，在二零一二年底，地球和人类文明将毁灭。如果说旅行这件事有结局的话，那大概就是在这里。假设预言是正确的，我将前往阿里的神山，在离所有神灵最近的地方奉献我的敬意，然后，由此出境，自西向东横穿尼泊尔，再由樟木口岸入境。这周而复始的线路，将会为我所有的旅行划上圆满的句号。

我想无论对旅行是爱还是恨，无论想走还是想留，无论愿意为生存下去付出什么样的代价，当最终日来临，当一切归于平静，我要有勇气观看。不如就身临其地吧！

照相机是使人产生幻想的器械

—— 苏珊·桑塔格

我失去了对摄影的热情。

我没有加入同时出发的另一群伙伴，他们驾车走川藏线，一路经过无数壮美而危险的景致，包括在珠峰大本营过夜，毫无疑问是激动人心的旅程，而且沿途有很多拍摄大片的机会。但我没有加入他们，因为我对摄影，至少是风景摄影，失去了热情。

正如我在捷克时就意识到的，我不再是那个为绮丽而喝彩的旅客，让人呼吸停止的风景对我不再那么有吸引力和冲击力，而这不仅是个审美疲劳的问题。回到家中，我重读了苏珊·桑塔格的《论摄影》，在那里找到了问题的症结：使我们深深陶醉的仍然仅仅是一些照片，而非事实本身。

我希望能离真相更近一些。我希望离决定性的瞬间更近一些，如同我唯一被认可的摄影作品所做到的那样。在圣彼得堡的剧院按下快门的瞬间，我知道我已和镜头中的真实美好合为一体，正如香严禅师击竹而悟道的那一刻，听者与声音已不再分立。

今后我将拍摄人和世界互存互生的印记。我希望超越光线和滤镜，而抵达通明。在西藏我开始了一些尝试。

唐卡店里的画师都非常年轻，有几个还特别帅。随着扬声器里的音乐，他们快活地唱起《我爱台妹》，我与他们合唱，有点超现实主义的瞬间。

去纳木错的路上，在唐古拉山观景台，两女一男三个当地人搭上了我们的车。他们称孩子发高烧，要去乡里开证明好上拉萨治病。回去路上大家分析也许是被忽悠了，人家就是搭个车，甚至怀疑起孩子是否真的病了。善良和城府之间也是一念之差。

在老宁巴寺目睹很壮观的集体颂经场面，从殿堂，二楼的平台，院子，狭窄的甬道，人们比邻而坐。许多人是从遥远的青海甘肃一路来此，天天念经持续一个月才结束。

在桑耶寺门口坐着母女俩。我喜欢画面右侧留下的想象空间。

我们于是走出这里，重见满天繁星

——但丁

　　从西藏回来没多久，友人钟平要我做心理测试。题目是这样的，假设世界上所有的人死去，那你会选择成为什么？一瞬间，六道轮回的图案跃入，脱口而出，"我想做阿修罗。"问题的第二部分是，如果不能做阿修罗，你会选择成为什么？我想了一下，说，"那应该是猫吧。"

　　按照我有限的佛教知识，转生到阿修罗道者，过去生虽无大恶行，但是轻慢心很重，非常的骄傲，不是瞧不起别人，就是忌妒别人比自己优秀。

　　如果不能做阿修罗，我会是一只猫，那只活过一百万次，死过一百万次，被一百万个人疼爱过，一百万个人为它哭泣过，自己却从未流过眼泪的猫。

　　按钟平的注释，第一个答案是你想成为什么样的人，第二个答案是别人眼中你是什么样的人。我蹙起眉头，觉得遇到了最准确的心理测试。

　　非常有趣，大眼姑娘和我一起做了这题，她的答案分别是树和狗（实际上是某一种特别的狗，但我没记得名字）。之后她告诉我她刚做的一个职业生涯决定，作为一个人力资源工作者我很赞同，作为一个朋友我很失望。仔细思考下，这决定很符合她的两个答案背后所传递的含义，我无从影响改变别人的决定，但我可以改变自己的行为，比如不再要求她充当心理医生。

　　如果没有去西藏，我的答案很可能不一样，因为在雪山映衬下蓝色的湖泊里，我确实清楚看到了赤裸的自己，有很多问题被解答，有更多疑惑被提出。但关于心理治疗的结局我已经找到，那就是我不再需要治疗，我学会了对自己倾诉，给自己宽解。

　　关于死亡的观念，我同样找到了结局。

　　终了时没有泪水（只有百鸟齐鸣）。

急行首尔

我和陈刚参加了所谓"半自助团"去韩国，即在旅行社安排的行程之外，有足够的自由活动时间。到了机场与团友汇合时，忽然发现了我俩与其他人的不搭：她们都是小夫妻、或者姐妹淘，稍稍奇特的一对是母女档，总之是以购物为前提，兼带对韩剧的热爱。所有人都携带足够大的箱子，甚至是超大空箱子。两个意图拍摄风景和人文照片的男人，在人群中显得突兀。

葡萄牙人、爱尔兰人和希腊人进酒吧喝酒。谁会买单？是德国人。

我和韩国概念的首次结缘，是在大学毕业后不久。那时候互联网还没兴起，外贸公司的业务主要通过电传和信件展开，国际长途电话是很贵的工具。有一天下午，我在隔壁办公室与人聊天时，电话响起。我拿起听筒，里面传来有浓重口音的中文：

"有没有会讲韩国话的？"

我回答："没有。*Do you speak English?*"

对方接着说："*No.* 有没有会讲韩国话的？"

我回答："没有。*Do you speak English?*"

"*No.*"

这样的问答练习又持续了几轮，直到双方都意识到：僵局，就如朝鲜半岛问题谈判一样，无法再有进展。

然后他就挂了。

在尼泊尔和印度尼西亚，有些部落使用韩文字记录自己的口头语言。当然，是韩国人去推广的。

到达首尔后，在宾馆放下行李，大家直奔明洞的免税商场。陈刚在如今已被三星集团收购的*MCM*品牌店为太太挑包，接待我们的女营业员的汉语相当纯熟，四声正确，句法正确，除了有时在用词上稍有迟疑。我和陈刚问她是否是刘家昌那样的华侨，或者华裔。她否定了我们的猜测，说是在学校里学的。我们在难以置信中再次表达了钦佩。导游敏贞的汉语也很流利，不过她自述在青岛念了中学和大学，所以就不奇怪了。敏贞家条件不错吧，她母亲是经营练歌厅的，门口停着通常是韩国议员才开的轿车。

朋友就像葡萄酒，越老越好。就像我们。我变老了，你变好了。

在广交会上，有个亚洲客人老在展台附近出现。有经验的业务员告诉我们，这个韩国人每年来，到各家外贸公司打听价钱，但从来不下单，而是回去用获得的信息狠狠压供应商的价。我们三个年轻人当时也是年少气盛，决定教训一下他。下午他终于来了，*A*君迎上前去，在双方用别扭的英语交流无果后，*A*及时地问道"*Are you JAPANESE?*"韩国人怒了说"*NO!*"不欢而散。

次日他又来了，*B*君接待他。别扭的英语交流无果后，*B*及时地问道"*Are you JAPANESE?*"韩国人怒了说"*NO!*"一拍两散。

再次日他又来了，我兴奋地快步上前，连客套英文都没说，直接问道"*Are you JAPANESE?*"韩国人阴沉着脸离开。后来他再也没有出现。

有人问我，为什么开讲座不收钱。我回答"因为讲话是我的第一爱好。对于克林顿那只是第二爱好。"

尽管韩国人打心里不愿意承认，但中国和日本作为多年的宗主国，对其政治、经济、文化各方面留下的印记是难以否定的。举凡有点历史或者格调的建筑物，都会有汉字标识。尤其在济州岛，中国游客不会有任何不适的感受。而在首尔，地铁车站都有显著的中文名字，中国游客也会觉得很自在。在步行商业街，小贩们招徕我们时，有时用中文，有时用日文，而我不会因为被人当作日本人而生气，五千年的文明让我们有这样的自信。

看《热力克利夫兰》里的四个中老年女人一起聊八卦和讲庸俗笑话，不禁让人想起早期的人事部门。

和新加坡同事出差到首尔。工作很快就结束了，两位韩国同事带我们去吃烤肉，在明洞一家很体面的馆子。上来的都是韩国烧酒，入口很好，于是我喝了不少，新加坡和韩国人喝的更多；但后劲太大，很快我就晕了，他们则若无其事，吃完了去酒吧，每人又下去一瓶威士忌，再带几瓶啤酒，我只有在边上看的份，同时头痛欲裂。

回到酒店是夜两点，我开始呕吐，吐的中间就坐在床上看新闻，直到早上六点。去机场的路上，只觉得喉咙被灼伤了，吞咽困难。我起誓再也不喝烧酒了，实际上再也不喝任何烈酒了。

2012 年 4 月 26 日美国市场调查企业 Strategy Analytics 公布三星电子手机的市场占有率首次超过诺基亚，位居全球首位。

在首尔的五天四晚，我和陈刚尝试了各样的韩国菜式，包括明洞 *Onedang* 的土豆猪骨汤，仁寺洞 *Si Wha Dam*（韩剧《华丽的遗产》取景地）的石锅牛骨汤、光化门 *Popolo* 的荞麦冷面、盘浦洞 *Hyangpong* 的烤肉、新村一家不知名小店的海鲜豆腐、登村正一品的参鸡汤。按陈刚的说法，这远胜于他之前所有吃过的韩国菜之总和。按我的感受，参汤实在很补，喝完了夜里三点醒来就再没睡着。我不禁想到，有个酷爱韩国菜的朋友，如今由于种种原因吃不上了，他一定会羡慕死我们。

同学在英国时曾和几个韩国女生同住。她们看了我们同学聚会的照片，表示喜欢像木鱼班长那样成熟稳重有沧桑感的男人。

首尔街头的美女也是有的，不过大家心里多少对其本来面目有所怀疑。在梨花女子大学，我们目睹了女生们在排练打鼓加舞蹈的节目，很显然她们要到毕业后才有钱去整容，或者用韩国人的语言，"美容"而已啦。这个民族内心的自卑和不安全感是多么强烈，以至为了更美好的形象不惜代价。

话说回来，韩国社会仍然是相当保守的，至少在长幼尊卑、男女地位的方面，所以韩国女生被认为是中国男人优秀的结婚对象，也就不令人意外了。我的另一个朋友王大卫，将于七月去韩国旅行，我强烈建议他也留个心眼，物色个韩国女友。

文艺青年单身时，总是想象婚后的生活是这样的，回家看到爱人的字条"亲爱的，饭在锅里，我在床上"。实际上已婚的人最常见的留言是"今天不回来吃饭了"。

我和陈刚打算去汗蒸。导游敏贞热心地帮我们写了纸条，让我们不再畏惧语言障碍。离开宾馆，第一个出租车司机读了字条，摊手说了一堆话，我们只好下车。第二个司机爽气地把我们带去不远处的购物中心，指着一幢公寓大楼示意。等我们走到跟前，却没有发现"蒸"或者"汤"这样的字眼，因为招牌都是韩文的（也不尽然，烤肉店门口就有个斗大的"肉"字），而且和我们手上的字条并无相似之处。我们又问了几个人，有个英语过得去的人告诉我们*"go down"*。我们搭扶梯下到地下一楼，发现都是餐厅。回到地面继续打听，多数人不明白，有一位拿出手机搜索可能是韩国的大众点评，然后告诉我们要打的去。我们觉得一定出了什么错，只有继续跟人询问。终于在咖啡馆遇见英语比较流利的服务员，他告诉我们就是这大楼，在地下六层，*"go six floors under"*。我恍然大悟，最开头先生的手势是对的，只不过动作幅度不够大而已。

我们很好奇，这么偏僻的汗蒸，敏贞怎会知道位置。第二天她解释说，她其实不知道，字条上写的是，"请把这两位带去最近的汗蒸！"

台湾粉领女陈薇依在二零一零年十一月举行了和自己的婚礼。

行程的重点是燃灯节庆典。我们先来到曹溪寺，在指导下学做灯笼。曹溪在中国禅宗发展史上有重要的地位，六祖慧能在此建立宝林寺，弘扬佛法。所以曹溪寺自然是韩国禅宗的中心。韩国一半人信教，其中佛教徒又多于基督教徒，僧人地位高，不过近来又有披露和尚敛财、娶妻、欺瞒信徒的新闻流出，和中国情况大致相同。

做完灯笼，我们又观赏影片，了解世宗大王创立韩文的历史，和石窟庵佛像的奇迹。左近有个故去高僧的事迹展览也着实不错。用过斋饭后，我们前往游行路线等着观赏。仍然是常见的彩车、表演和提灯游行队伍，无甚稀奇，倒是路边的外国小孩观众，成了人们注目的焦点。

碱基的排列组合构成了基因。我不懂这句话是什么意思，只是觉得这么说显得我很有知识的样子。

我们去了通俗景点，比如梨泰院和韩屋村，也去了可能比较少中国人光临的地方，汉江公园和奥运体育中心。没有事先做攻略，这早已不是我旅行的方式。我们不是为了吃而来的。我们不是为了看韩剧外景地而来的。我们不是为了买东西而来的。领队雅文几乎要质问我们"那你们来首尔干嘛啊？"

静下心来观察，首尔有不少凝固和安静的画面，像日本摄影师上田义彦为无印良品拍的广告那样。

我就是为此而来。

uestion
트
랜
스
젠
더
Question
18

日暮狂想曲

落日沉入地平线，海水与大洋交汇，山脉与沙漠对峙。

"这次旅行你印象最深的是什么？"

除了我，陈刚也答过这问题。十余年的旅行伙伴心意相通，答案自然很接近，"摩洛哥的风景倒没什么特别冲击力，反而是文化的多样性，出乎预料。"

最开始，这里住的是柏柏尔人，古希腊和古罗马历史记录里经常提到他们。柏柏尔人并不用这个词称呼自己，毕竟它是拉丁语"野蛮人"的意思。和一般观念相反，大多数柏柏尔人其实是传统的农民，住在地中海岸附近的山里或者沙漠的绿洲里，住在南撒哈拉的部落才是游牧民或半游牧民。

我们起早赶到梅祖噶看沙漠日出，就是图阿格雷部落人牵的骆驼，他们在沙丘上健步如飞。全靠向导搀扶，我才爬上山顶。柏柏尔人通常都能说阿拉伯语，他们自己的语言，在不久前获得了摩洛哥官方承认。柏柏尔人接受了伊斯兰教，云层过厚，日出没有如期而至的时候，向导朝我一摊手说"*Insha' Allah*"（阿拉伯语：真主的旨意），意思是真主没想让我看到日出，他无能为力。我则觉得到日落之地看日出，本来就不是明智的想法。

瓦尔扎扎特的陶瑞特城堡，柏柏尔人导游向我们自豪地讲述先祖的荣光，神情中的高贵和自尊让我印象深刻。干打垒筑成的城堡，与周围民宅的赭石色外墙浑然一体。堡内曲折的楼梯和通道令人迷惑，祈祷室、卧房、餐厅狭小而精致，撤空了家具让墙壁上漂亮的装饰全部呈现，中空院子保证了采光。堡主曾是权倾一时、国王也忌惮三分的豪强，死后城堡被充公，如果不是好莱坞在此拍摄电影，联合国教科文组织拨款修复，它可能也难逃衰败乃至废弃的命运。

离瓦尔扎扎特二十多公里的本哈度村，则住着完全不同的柏柏尔人。热情而幽默的导游瓦利勒，说着流利的法语和英语，还能用西班牙语和游客打招呼。一开始他就对同样有淡褐色明眸的大眼姑娘表达高度关注，询问"多少头骆驼才能让你留下来"，这个话题贯穿一路的讲解。行程将近结尾时，他悄声问我"给五千头骆驼，你能说服她留下来吗？"我直视他诚挚的笑脸说"真遗憾，我不是她的监护人。"

骆驼无疑在柏柏尔人生活中占据重要地位，连他们的笑话也不例外：

What is the difference between a woman and a camel?（女人和骆驼的区别在哪里？）

The camel is easy. （骆驼更温顺／听话／容易上，具体含义取决于你的理解和价值观）

柏柏尔人谚语：

A camel can take you through desert; a woman can take you through life.

这句子是如此美、如此深邃、如此动人，我无从翻译。

导游问我要不要请个讲解员，我犹豫了一秒钟，大手一挥"请！"事实证明这是难得的好决定。他虽是本地人，法语却极好，按照黄爸爸的判断甚至有鲜明的巴黎口音。更难得他博识又敬业，对古罗马遗址的每一处都能如数家珍，娓娓道来。没有他的讲解，走马观花的话将一无所获。他还爱开玩笑，半途给陈刚和太太一个"罗马式惊喜"，包袱抖开时，人群发出了七分惊讶三分窘迫的笑声。回来我查了资料才了解，那里曾是一所妓院。

九月二十九日。星期一。下午五点。我们在沃吕比利斯。摩洛哥八处世界文化遗产之一。

公元前三世纪腓尼基人在此定居，他们的后人就变成了赫赫有名的迦太基人。到公元一世纪，罗马人在此建立起以橄榄种植和榨油为支柱的繁荣城市，并定为行省中心。罗马统治在三世纪末崩溃，城市也就此一蹶不振，人口逐步减少。五百年后，属于先知穆罕穆德家族的穆莱·伊德里斯在此安顿，他的后人建立了摩洛哥第一个伊斯兰王朝。

幸运的是，除了少数统治者取走大理石装饰自己的宫殿，沃吕比利斯几乎没有受到破坏，直到1820年的里斯本大地震。今天仍然矗立着的，有长方形剧场的整面廊墙，朱庇特神庙的大柱子和位于西面的凯旋门，不过拱顶似乎是重修过的。和土耳其以弗所相似，沃吕比利斯里的公共建筑和民居有清晰的分野，即使只是残垣断壁，仍足以让我想象当年的辉煌。虽然少了宏大的图书馆，但圆形的公共洗脚池，却是难得一见的趣味。

印象最深是那些精美的马赛克地砖，建筑者的艺术构想雄心可鉴，人物相当细腻传神，线条流畅。我尤其喜欢在大力神殿里的"四季"主题马赛克，保留得如此完整，实在是奇迹。早期文明里女性酮体非但不是道德禁区，甚至是被赞美的，维纳斯殿里的女神沐浴形象就是有力证明。在穆斯林统治该地区一千多年后，她们依旧安好，实在是奇迹。马格里布地区的伊斯兰教一直相对开明，对异类文明的宽容度也大。

旅途中的美好事物，稍不留意就可能错过，沃吕比利斯也不例外。如果不坚持要求，导游会按计划带我们"穿过"该地，直奔菲斯。

菲斯老城里的巷子错综复杂，一不留神就会迷路。狭窄的道路，并不妨碍摩托、人力车和驴子通行。当地人们悠然走着，听到吆喝时才侧身或者闪入店铺。游客们就紧张得多，左顾右盼还得提防脚下的驴粪球。

染坊、铜器铺、清真寺、经学院，可看的东西不少，但时近正午，光线变硬，拍出好的作品很难。要拍人也不容易，妇女看到有人举相机经过，都低头侧脸疾行，有特色的匠人、乐手乃至小孩，都会伸手向人要钱，否则不给拍照。即使伙伴们都走过许多国家，见识广泛，也不敢在此轻易造次惹上麻烦。陈刚的偷拍神器在此发挥了异乎寻常的作用，无论高低角度或者镜头分离，都减少了对拍摄对象的倾略性，更容易获得自然的表情。

团友推推我的肩膀说"嗨，那个姑娘可能是想跟你拍照啊，一直看你呢。"我转头看见个面容姣好的阿拉伯姑娘，确实在朝我们望，有点将信将疑。迟疑间，海蒂来解围了，大方过去问姑娘能否合影，结果断然被拒。我明白了，人家那不是欣赏，而是在警惕我。这反而激起了我的斗心。于是，抽冷子按快门啦。拍完了觉得有些冒犯她，更主要是未来牵骆驼娶她的男人。闪人！

在街角我见到一位乞讨的老妪，她穿着碎花图案长袍，包头巾，有些驼背，苍老的面庞和神态看去像特蕾莎嬷嬷。尤其醒目的，是她左手腕上的十字架纹身。难道她是基督徒？

罗马统治时期就开始有柏柏尔人接受基督教，圣徒马尔切鲁斯（*Marcellus*）是罗马军队的百夫长，因拒绝欢度异教节日而在丹吉尔被处死。目前摩洛哥仍然有三十八万基督徒，主要是独立后留下的欧洲人及其后裔，以及殖民地时期皈依的阿拉伯人。卡萨布兰卡市中心有漂亮的白色大教堂，但法律禁止向穆斯林传教，违反者要坐牢和罚款。

我在老妪手中放入十个第纳尔，她合手表示感谢。我抬起相机示意想给她拍照，她摇摇手表示拒绝。我点点头，尊重她的愿望。

有些谜团注定要留在菲斯，有些美好注定要留在记忆。

时差没完全调整过来，我捂着嘴，打了一个大大的哈欠。"*Are you tired, my friend?*"有人用相当流利的英语问我。我低头看他，吓了一跳。如果我是导演，排练莎士比亚名剧《威尼斯商人》的话，就一定会按这个面貌，来选扮犹太商人夏洛克的演员。我和他攀谈起来，他是阿拉伯人，名字与先知相同，也是默罕默德。他热情地请我喝咖啡解乏，我接受了。

也难怪，菲斯固然是摩洛哥犹太人曾经的文化中心，但今天的犹太区除了一座会堂，已经没有什么痕迹了。本哈度村，也曾是柏柏尔人和犹太人共居的地方，瓦利勒特地为我指出旧的犹太会堂，用石头砌成的围墙还在。犹太人离开后，搬进去的柏柏尔人用干打垒将其修葺，两种材料的边界一目了然。

第一波犹太人在第一神殿被毁后就来摩洛哥了，那是公元前六世纪。第二波则是十五世纪从伊比利亚半岛被驱逐而跨海过来的。鼎盛时摩洛哥有三十万犹太人，今天只剩几千。一九四八年以色列建国后，摩洛哥犹太人逐步移居过去，组成今天仅次于俄罗斯犹太人的第二大群体。二零一二年诺贝尔物理学奖得主塞尔日·阿罗什（*Serge Haroche*）就出生在卡萨布兰卡，希伯来语言学院主席 *Moshe Bar-Asher* 也来自摩洛哥。

今天中东地区旷日持久你死我活的斗争，很容易产生犹太人和阿拉伯人是不共戴天仇人的印象。其实他们在语言、文化、习俗方面有众多相同之处，更像是同父异母的兄弟。在某种意义上他们确实就是，《圣经·旧约》里亚伯拉罕有两个儿子以撒和以实玛利，通常被认为分别是犹太人和阿拉伯人的祖先。前者是亚伯拉罕和妻子撒拉所生，后者是他和撒拉的侍女夏甲所生。

下面的笑话犹太人和阿拉伯人听了都会笑，中国人就未必了。

两个小孩在聊天。

"你几天没来上学，出什么事了？"

"我做了阑尾炎手术，一个星期都不能走路。"

"这算什么，我出生才八天就做了手术，一年都不能走路。"

看懂这个梗的人，多半知道犹太人行割礼的风俗，或者自己割过包皮。作家韩松落肯定是其中之一，他写过一个段子，大致是"好好的高领毛衣，干嘛要搞成圆领的？"

菲斯的犹太人区就在皇宫边上。摩洛哥国王在所有重要城市都有王宫，最显要的自然是首都拉巴特的那座。当今国王其实很少在此出现，但门口的卫兵岗哨照样是如临大敌一丝不苟。我们注意到每组卫兵都由穿不同颜色军服的几个士兵组成，导游解释说由于摩洛哥国家小，历史上又发生过政变，所以国王特地命令多支部队共同执勤，以互相牵制。

稍远的国父陵内外卫兵的装束又有不同，举旗也好，骑马也好，持枪也好，仪仗的作用远远胜于武力威慑。看着他们气质威严庄重，制服剪裁得体，一个念头划过我的脑海：如果下真人国际象棋的话，摩洛哥士兵是最适合做棋子的。

唯一的疑问是：这样的部队战斗力如何？

法国从一九一一年起将摩洛哥士兵编入步兵团。摩洛哥远征军（*Moroccan Goumier*）先后参加了两次世界大战，后来又到印度支那替法国作战，直到一九五六年摩洛哥独立。他们被评价为优秀的侦察兵和狙击手。

一九五三年法国囚禁了当时的摩洛哥国王，在越南作战的摩洛哥士兵听到后不愿继续打仗，脱离作战部队，有些人和越南妇女结婚组建家庭。后来他们返回摩洛哥，国王为褒奖他们的忠诚，分配给他们土地，有七个这样的家庭选择居住在一起，越南妻子还种上了水稻。导游讲的故事里，这是容易被忽略的一个。

离开卡萨布兰卡时我顿悟，为何每次看到摩洛哥国旗，都觉得似曾相识，但又说不清。事实上它和越南国旗近似，都是红底，摩洛哥是绿色空心五角星，越南是黄色实心五角星。我因此确信，远隔重洋的两国之间，存在其他微妙的联系是可能的。

后来我在网上检索到卡塔尔半岛电视台曾做过一段短片，就是讲述这群人的故事。

其余部分是这样的，摩洛哥士兵只相信"安拉、摩洛哥和国王"，所以杀死法国军官逃跑，后来加入了胡志明的部队，但他们不是共产主义者，而是因为"越南人善待我们，而且给的钱多"。他们中的大多数人在一九七二年回国，被安置在离拉巴特三十六公里的 *Sidi Yahya El Gharb*。越南妇女 *Oc*，教名是 *Fatima*，至今仍在经营农场，她能说流利的阿拉伯语。但是，也有三个家庭滞留在越南，因为摩洛哥丈夫去世后，越南妻子无法证明孩子的摩洛哥血统。

到今天，情况没有改变。

从落地窗望出去，海浪拍击礁石，像是在演奏舒缓的打击乐。

"你一定要去二楼的洗手间，那儿的海景更棒，记得是右手那间。"

达维德的英语几乎听不出口音，这是国际经理人的特征。他持瑞士和法国两本护照，在东南亚加入跨国企业，在中国工作十年，在北京娶了我的女同学为妻，目前常驻卡萨布拉卡负责马格里布三国业务。

能在异国他乡与熟人重逢，再吃上一顿法国大餐，实为旅途惊喜，人生美事。餐厅的法文名字意思是"绞盘"，和帆船有关，比较深奥，英文名字就简洁多了，是"海景"。

我很享受和达维德的谈话，因为他个性里更多瑞士人的谦逊。他也不否认作为前殖民地宗主，法国人在这里感觉更自在。

一九一二年沦为保护国开始，摩洛哥经历了四十四年殖民统治，不可避免地留下了深刻的法国印记。法语是摩洛哥的通用语言；法国的企业、银行和其他机构的招牌随处可见；路两旁的咖啡馆都是法国式的，座位朝着大街；餐厅里的法国面包和糕点相当地道。事实上，在马拉喀什吃自助餐，我把所有的西点都尝了一遍，每样都好吃。

达维德跟我讲述他信用卡到期后的遭遇，即使法国巴黎巴银行的摩洛哥分行，服务也是拖沓、无序、令人不快的。作为比较，他说："斯里兰卡人有落后国家居民的巴结劲和天生的服务精神。中国人虽然经济富足了，却仍保留对外国人高看一眼的优待。只有摩洛哥人，学到了法国人的傲慢和懒散。"

伊夫兰位于阿特拉斯山脉中部，从梅克内斯去菲斯的路上，是避暑和滑雪度假胜地。人们听说在非洲还可以滑雪，都会觉得匪夷所思，其实根据气象记录，一九三五年伊夫兰曾达到零下二十四度，是有史以来非洲最冷的时刻。

法国人当初是为殖民地行政官员安排一个避开暑热的"山地站点"，就像英国人在印度开发出来的大吉岭。这里海拔升高到一六六五米，生长雪松、橡树和从欧洲引进的法国梧桐。市内到处是木结构、斜屋顶和彩色花纹装饰的房子，难怪很多人称之为"小瑞士"。法国人听了肯定不乐意，他们明明是按照法国阿尔卑斯山区小镇的样式来建造的。*1995* 年这里设立了一所遵循美国大纲、用英语教学的阿尔·阿卡韦恩大学，建筑风格仍然保持一致。

殖民主义留下的不全是悲惨。如果不是英国和葡萄牙的统治，香港和澳门将是很无趣的地方。没有西班牙人和法国人，卡萨布拉卡将仍然叫达尔贝达，而中国人则分不清它和廷巴克图有什么分别。如果法国人没来，伊夫兰可能仍是贫瘠的山区村庄。这些想法或许政治上不正确，但我挥之不去，也对香港人的牢骚和抗议产生些同理心。

伊夫·圣洛朗出生在阿尔及利亚的奥兰，*71* 岁时死在巴黎，他的骨灰洒在了马拉喀什的圣洛朗花园（*Majorelle Garden*）里，这座植物园如今被中国人方便地称为"伊夫·圣洛朗花园"。我并不认可这名字，因为水彩画家 *Majorlle* 才是这所艺术殿堂的真正创造者。随处可见那种特别鲜艳夺目的钴蓝色，在法语里就叫 *bleu Majorelle*。

如今，这里成为一座伊斯兰文化博物馆，包括圣洛朗自己收藏的北非织品，以及其他瓷器、珠宝和绘画。*YSL* 的专卖店里，有不少据说"只此一件"的精美货品，幸好信用卡不在身上，否则我会忍不住出手的。

说起圣洛朗和中国的渊源，他的私人收藏里有圆明园的兽首，当年中国政府力图阻止拍卖，圣洛朗基金会主席皮埃尔·贝尔热偏要坚持，这才有蔡铭超先生到佳士得搅局。最后现拥有圣罗兰品牌的弗朗索瓦·皮诺特（*François Pinault*）出来打圆场，买下兽首再捐赠给中国，算是皆大欢喜。

中文旅行指南里提到皮埃尔·贝尔热时称他为圣洛朗的"合伙人"，这是好意遮掩却也有些无聊，因为贝尔热既是圣洛朗长期的商务搭档，也是将近二十年的生活伴侣。他在悼词中说："*The divorce was inevitable but the love never stopped.*"

我想，同性恋婚姻权，可能比香港占中人士的议程更有可能在中国实现。这完全是基于政治经济学分析得来的。前者是让少数人享受多数人拥有也并不见得很热衷的一种权利，后者是让多数人分享少数精英把持并乐在其中的一种利益，后者难度自然大了许多。此外政治精英的后代更可能是精英，他们对他人的遭遇缺乏切身体会，看法不容易改变。同性恋就不同了，连美国右派大佬切尼的女儿都是拉拉，谁又敢说精英后代们没去过断背山呢？这还没算精英本身尚未出柜的。本身或者亲人是同性恋时，决策者的看法很容易受到影响。这些想法或许是无稽之谈，但我挥之不去。

不懂法语的话，在摩洛哥旅行很不方便，尤其是吃饭时。菜单都是法文的，侍者通常只说法语。幸好有法国公民黄爸爸和精通法语的陈刚太太，解了不少急难。

拉巴特索菲特酒店，套餐头盘是三文鱼色拉，上面的切丝蔬菜味道不错，却不知究竟。头一个侍者说了个法语词，不得要领，唤来个会说英语的，发音几乎相同。恍惚间我突然记起一个以前学过的词，忙问侍者是不是*zucchini*？得到肯定后，我立即再查谷歌，原来是绿皮西葫芦，又名夏南瓜。真费劲呐。

这时候我就想，当初要是学了法语，该有多好……

中文导游张大姐的法语是在阿尔及利亚学的。

她祖籍山东，长于北京，一九六四年作为首批公派留学生到非洲，后长期在外事口工作，曾在摩洛哥和刚果（布）常驻，也曾在广西外办工作十年。二十年前张大姐和丈夫来摩洛哥定居，经营翻译公司等生意。她儿子邓嘉在法国留学获硕士学位，参与编辑《北非花园》一书。本来邓嘉是我们的导游，家里有突发事情，张姐这才亲自出马。

导游有许多种，张姐对我们的饮食起居照顾得很周到，各处景点她不顾七十年纪跑前跑后，对我们买海参吃大餐各类要求都尽力满足，而且时常讲些她在非洲遇到的奇闻轶事。但在介绍建筑由来或者历史掌故时，就显得力不从心了。老杨开玩笑说，她带着儿子编的《北非花园》，不是给我们看，而是用于临时抱佛脚的。

张姐在摩洛哥呆得久，人又极热心，交往自然广泛。她曾常年替中国医疗队做翻译。医疗队？我想起一个朋友。

夏医师和我一起看过崔健的演唱会。

他医学院毕业后在浦东工作五年，然后被选派到摩洛哥，驻地是离菲斯一百多公里的城市塔扎，前后呆了两年。夏医师专项是做血液透析的，我曾质疑在摩洛哥是否有需求。他说其实当地医疗事业相当发达，而且还有法国人特意来此，两三个星期旅游兼顾治疗，贪的是价格比本国便宜。

夏医师所在医疗队规模较大，有十来人。头两个多月要先学法语，因为不可能每个医师身边都配翻译，急诊和技术部门对语言要求相对低，药品和检测报告里的法文专业词汇和英文相去不远。实际工作中他也是边干边学，和病人尽量用法语交流，遇上不会法语的，就由护士充当翻译。

在微信上看到我在摩洛哥，夏医师激动不已，评论说"*Bien venu!*"由我分享的照片，他发觉十年来当地变化不大，人们不着急，悠闲地生活着。他回忆起当年，称那是洗涤灵魂的时光。

中国医疗队在摩洛哥的历史可以追溯到一九七五年，上海市卫生局累计共向摩洛哥派遣了超过一百支医疗队和一千多名医疗队员。

中国和摩洛哥经济合作是相对后来的事，中国公司参与了渔业捕捞，高速公路建设等等众多项目，华为和中兴在通讯行业有很大的影响力。当地中国人多为中国企业工作，还有来自浙江福建等地的五百多人在此经商。

我的女同学则是个例外，她嫁给达维德后随他调动，先在斯里兰卡住了四年，后来到了卡萨布兰卡。她逐步适应了海外生活，法语说得不错，每年夏天都回中国。她的一双混血儿女非常漂亮，难得的是还能听能说汉语，和我很有礼貌地打招呼。以前在中国和斯里兰卡，她俩都上英语学校，到了摩洛哥改上法语学校。我意识到她家的语言环境很复杂，最吃亏是汉语不过关的达维德，听她和孩子讲中文时明白一半糊涂一半，反而是两个孩子三语齐下，转换自如。所以说要学好外语，要么到外国生活，要么与外国人结婚，最好两者兼顾。像我当初那样，呆在苏州学四年俄语就本科毕业的，是个不折不扣的笑话。

张姐一听我同学名字就说"我知道她，当初来摩洛哥的公证文件就是我公司翻译的。"

张姐是回族，教名也是 *Fatima*，她的弟弟名气更大，这就是教名 *Said* 的张承志。

我读《西省暗杀考》是大学快毕业时的事了，在张承志的小说集《神示的诗篇》里，它与众不同。即使我刚及弱冠，缺少人生经验，也能看出小说在诉说少为人知的历史背后，包含着更大的精神宏愿。结尾那一句"刚烈死了。情感死了。正义死了。时代已变。机缘已去。"，看得我热泪盈眶又表达无能。十二年后我特地把它借用到我头一篇博客文章里。他传奇的经历，包括了早期红卫兵、内蒙古牧马人、考古队员，让年轻的我向往不已。

后来，后来我成了上班族，更多关注钱较少关注心灵，也就没有读到张承志的《心灵史》。再后来他突然成了某种文化的代言人，而被来自左右两侧的知识分子攻击，这与他回族的身份有很大关系。

一九四九年之前北洋政府和国民政府都只承认有回教，不承认有回族，回民是所有中国境内穆斯林的总称。这观点在人类学和民族学上恐怕站不住脚。吕振羽的学术看法成形于国共战争期间，他认为回族是在中国古代的突厥民族基础上，汇入来华落居的波斯人，阿富汗人，阿拉伯人等等，而形成的民族，其中也包括了皈依伊斯兰教的汉族。元朝时借助蒙古统治者的优待政策，回回人在商业和学术上获取了重要成就，优势延续到明代，清以后则逐渐衰落。这是如今的主流观点。

江南这一带的回族长期与汉族混居，早已同化，连很多伊斯兰教的基本习俗都不再坚持。不去西北地区的话，无法体验回族的强大生命力。我在甘肃、青海和宁夏，都见识过清真寺对当地回族精神领域的控制力，没有阿訇毛拉的支持，很多政府决定是难以实施到位的。

但一般汉人对伊斯兰教的认识又是很肤浅的，基本停留在"不吃猪肉，男人可以娶四个老婆"上。这种隔阂，或者说是轻视，让回族作家很不是滋味，所以张承志，写《穆斯林的葬礼》的霍达，才不遗余力在作品中努力讲述自己民族的历史、习俗和悠久文化。遗憾的是，他们愈努力强调自身独特，反而愈是促成一种"他者"的形象生成，无助于互相理解。同样的事，比如左宗棠的历史评价，在双方眼光里完全两极化，这种对立并不是国家的民族优待政策就能解决的。

仔细看张姐的脸庞，还是会注意到与汉族不同，某些类似中亚人"深目高鼻"的特征，但听她讲起汉语，则完全没有任何异族痕迹。是强调差异而为此自豪，还是强调共通而为此喜悦？这个问题貌似没有简单答案。而读张承志近来的作品，会发现他更愿意强调差异，有为受迫害的弱势民族代言的情结，无论这些迫害是真实存在，还是想象之中。

在 *Majorelle Garden* 里遇到了同胞，有个姑娘探出身子与仙人掌作接吻状，然后让同伴拍照。我把这看作一组隐喻：一方努力示好，一方无动于衷。

摩洛哥人大部分是阿拉伯人，也是穆斯林。但阿拉伯人和穆斯林并不是一对可以互换的概念。全球一亿多阿拉伯人大部分是穆斯林，但黎巴嫩有一百万阿拉伯人是马龙派基督徒。全球十六亿穆斯林里许多不是阿拉伯人，比如穆斯林人口最多的国家是印度尼西亚，中国的穆斯林人口几乎与沙特阿拉伯相等。

即使穆斯林也有开明、正统与极端之分，摩洛哥就是相对开明的阿拉伯国家。街上既可以看见蒙传统黑纱的妇女，也能看到现代西方打扮的年轻人，在卡萨布兰卡的海滨大道穿泳装晒太阳也可以。广告牌上可以看到女性。禁酒令并没有被严格执行，至少我们这样的外国游客任何时候都能获取所需。此外，拉巴特没有星巴克。

摩洛哥人，究竟是什么样的人呢？我是带着这个疑问踏上旅途的。

基于艺文作品的旅行概念，比如浪漫的卡萨布兰卡，往往经不起现实的冲击。即使已经读到《北非谍影》并不在此拍摄，里克咖啡馆也只是好事者的复制品，但仍然挡不住同伴们去探个究竟。咖啡馆只看到了大门，无甚稀奇，倒是隔壁的修车行，无论室内墙上挂的，门外地上摆的，都是些精巧雅致吸引眼球的小玩意。如此的情调小铺，是任何旅行指南都不会提到的。车行老板是悠闲的摩洛哥人。

马拉喀什广场名字并不动听，与"尽头"或是"死亡"有关。夜晚时分到达，这里已是人声鼎沸。耍把戏、百货摊、小吃店，一切充满变数，比如姿态婀娜的舞娘其实是男人。大家晕头转向，最后在榨果汁的地方停下来，最左的摊主太老，边上的摊主太丑，最右的摊主太凶，唯有中间的年轻帅哥最讨人喜，于是人群一拥而上——只是喝鲜橙汁而已。广场上的是喧闹的摩洛哥人。

卡萨布兰卡的白色大教堂门口，拉巴特的公园，沙漠边缘的路旁泥土地，库图比亚清真寺的院子，到处可以看见踢球的孩子。他们尽兴奔跑，欢乐的情绪感染到我们。孩子们是开心的摩洛哥人。

一路为我们开车的司机和助手，是外甥和舅舅搭档。他们专心开车，几乎从不与我们谈话。音响里有时传来阿拉伯音乐，有时是电台新闻，有时是念经。开车的是神秘的摩洛哥人。

摩洛哥菜主要是砂锅炖，顿顿雷同。导游介绍说有一道菜是中间为鸡，周围一圈鸽子（在中国会被叫做"百鸟朝凤"）。吃鸽子的，也是摩洛哥人。

最后我释怀了，不再费力寻找答案。置身于北非的阳光和阴影下，就沉醉吧。

摩洛哥人的语言又诙谐又形象。菲斯的哈吉导游管兽医院叫"修理毛驴的地方"，马拉喀什的餐厅服务生管淡水鱼叫"游泳池的鱼"，而最令我难忘的是图得加峡谷（*Todgha Gorge*）里的"茉莉花"餐厅老板。

当我起身离开时，他特地留住我索取 *Chinese medicine patch*。连猜带比划，我总算明白他要的是伤膏药。我问他是哪里不舒服，他说 *"My back is cold"*。给所有好奇心过强的人一个教训：多余的问题千万别提。而我偏偏就问了他："*How did you get your back cold?*"他回答说："*Because I f@%# too much!*"

从他自得的神色和洪亮的声音，我觉得聊半天，他就为了抖这个包袱。

一刀下去，羊的生命就到了尽头。

我按下快门，恰好记录到刀落下前的瞬间。单纯从视觉冲击来说，稍晚半秒钟会更好，但我庆幸自己的决定。

所有生灵，无论强弱，都该得到尊重。

离开那天正赶上摩洛哥最重大的节日宰牲节，家家户户要宰羊。"替罪羊"就是源自圣经旧约里亚伯拉罕牺牲爱子奉献上帝的典故。以此为例，犹太教过赎罪节，但如今已废止了宰羊的仪式。伊斯兰教里宰牲节则是最盛大的节日。关于亚伯拉罕（阿拉伯人称为易卜拉辛）究竟奉献了哪个儿子，双方说法有分歧。基督教不过赎罪节，但沿用了这个概念，常常称耶稣为"神的羔羊"。

摩洛哥人过宰牲节都要回家，所以大城市冷清了许多，很多餐馆商号也不再营业，我同学和达维德一家则提前出城度假。节日之前已看到很多迹象，马路上到处是运送羊只的车辆。在菲斯城蜿蜒曲折的小巷里，见到手推车里的羊，似乎对被杀的命运有所预知，一路发出哀号。机缘巧合，我们得以在摩洛哥人家中现场目睹。有些令我们失望的是，只是念了句经，宰了头羊，前后没有太隆重的宗教仪式。

祭祀曾是中国非常重要的礼仪之一，孔子曾花了很多时间研究和阐述这一话题，《礼记》可能是他和弟子的集成作品。不过今天这样的传统已经丢失，连过年给老祖宗上供也不多见了。

再次穿越阿特拉斯山脉时，我们停在出售阿甘油的妇女合作社。门口的狗，无辜而诚恳地看着我，眼神里似有什么话要说，我却无法理解。

在马拉喀什宫殿的侧巷里，一只猫吸引了我们注意。它额头的纹路和老虎一样霸气，眼神犀利，带些不好惹的气色，我却感到一种亲近。

喜欢猫，还是喜欢狗，这可能是个哲学问题。至少在钟平再次给我们做的心理测试里，这是常被提到的两种动物，也许是两种人生。

猫，在乎自己多一些；狗，在乎别人多一些。

猫，聪明狡猾，有时特立独行；狗，勇敢忠诚，有时俯首帖耳。

猫有九条命，狗呢，相信猫有九条命但不羡慕。

在摩洛哥看到有如此灵气的狗和猫，也许宇宙要告诉我什么。就像四年半前在西藏，我的旅行体验出乎寻常。我思忖其中道理，这不仅仅是距离的关系，而与信仰的包围有关。在与日常文化氛围完全相反的地方，人才能观照内心，获取答案。在西藏结局与疑惑并存，在摩洛哥领悟和迷思共生。

只有一点确定无疑。无论我走了多远，经历了多少，在浩瀚苍穹中，都只是微不足道的，小生灵。

冰之岛

飞机上俯瞰冰岛，极目所见都是白茫茫原野，空无生命迹象。空到广袤，空到停止；空到毫无必要，空到无限放大；空到涵义消失，空到世界尽头。当然，空是假象。此处有人类居住的历史已超过一千年。但空旷，仍会是我对冰岛的第一印象。

蓦一看"冰岛"很贴切，这个岛到处是冰原。仔细想的话顿生疑窦，冰岛其实有相当部分国土遍布植被，主要是苔藓和地衣，称为*Ice-land*并不贴切。西北方向的格陵兰岛才是真正的冰天雪地，绿色稀少，反倒被称为*Green-land*。如此命名错换有什么道理？其实冰岛文写作*Island*，源自拉丁文的*insula*，正是"岛屿"的意思，与英文*island*相同。后世的语音变化怎样把*ice*置入其中，则有待考证。

中学上地理课时觉得"雷克雅未克"是个很难念的地名，到了冰岛才明白，这其实是最好念的一个了！

冰岛航空的机上娱乐节目相当文艺范儿，口味不盲从主流。我选看了已故的涅槃乐队灵魂人物科特·柯本的生平纪录片。看到他自杀，热泪盈眶。有一个念头持续萦绕，如果柯本面对成名后的巨大压力，选择躲避到冰岛，结局会不会两样？荒无人烟的环境，能不能安抚艺术家脆弱敏感的心灵？

冰岛的冷名声在外，旅客往往准备大量御寒衣物。九月底是夏秋之交，温度并不低，总在零上八度左右。风是关键因素，时常会有狂风吹来，皮肤表面温度迅速下降，形成刺骨寒意，如果遇到下雨则更厉害。在冰岛，挡风的重要性最高，其次是防水，帽子围巾手套冲锋衣缺一不可，把全身包严实了就妥当，羽绒服之类倒在其次。

冰岛冷，连带冰岛人的幽默也冷。司机给我讲的段子：

What do you do if get lost in Icelandic forest? - Just stand up.

（在冰岛的林子里迷路了怎么办？ - 站起来就是了。）

梗在于，冰岛都是矮灌木丛，没有森林。

位于 *Langjokull* 的冰川隧道落成不久，置身其中有穿越时空的幻觉，冰壁透出的各色光线加深这印象。冰河、冰泉、冰室俱有，冰教堂的回声尤其响亮。导游用浑厚的嗓音吟唱一首冰岛民歌，我回应以家乡的苏州小调。

冰岛几乎没有工业，渔业、畜牧业和旅游业是经济支柱，在西北和东南的峡湾地区，住宿的地方都是小渔村，*Grundarfjodur*，*Flateri*，*Vopnafjodur*，*Djupivogur*。小是真的小，不过几百人口。渔村往往沿海边码头展开，有一座低调而肃穆的教堂，背后是高耸的山，有加油站和超市。除了酒店餐厅，很难再找到吃饭的地方。清晨或者傍晚在村里走走，山峦、云朵、渔船、礁石，都笼上一层柔和光线下特有的色泽。想起当年在宿雾岛上的 *Moalboal* 渔村，一样的自然隔绝，远离繁华。这样的地方，最适合遁世隐居，我心里说。

究竟是什么，阻碍了我将这样的念头化为行动？

　　既然渔业发达，冰岛餐食自然以鱼为主，有三文鱼（*salmon*）、鳕鱼（*cod*）、鲶鱼（*catfish*），畜牧业则保证了丰富羊肉。在人迹较少的地方，则只有北极红点鲑鱼（*arctic charr*）和羔羊肉（*lamb*）可选择，最后大家纷纷倒了胃口，放弃用餐而吃自带方便面。我是少数每天都乐鱼不疲的人。回到雷克雅未克情况大为改善，我尝到了鲸鱼肉，味道像很嫩的牛肉。

　　冰岛气候多变，常见的情况是，刚刚还阴天，突然就出太阳了，一会又下雨。起风也是突如其来，总之无法预测。难怪冰岛人说：要是你不喜欢现在的天气，等五分钟再说。

　　雨点渐渐小了，临时停车。走向河畔，天边忽然出现一道美丽的彩虹，大家抓起各种摄影工具一阵狂拍，忽然彩虹——变成了两道！一时间，相机不够使了。当时的兴奋是可想而知的。既然天气多变，由雨转晴的机会就多，在路上就会时不时地看见彩虹，直到大家渐渐习以为常。最容易看见彩虹的地方当然是在瀑布边上。

　　在冰岛旅行，基本上每天看一个瀑布跑不了，要是某天没看到，次日肯定给你补回来。几个著名的瀑布各有特色：*Hraunfoss* 宽度惊人，*Dynjanda* 高不可攀，*Godafoss* 气势雄浑延绵伸展，*Dettifoss* 水量巨大难以靠近，*Hengifoss* 长度第一，*Seljalandsfoss* 可以从洞内反观，就连不知名的 *Kolugafjall* 都有六股小瀑布汇流的奇观。不借助地图、照片和搜索引擎，我实在是难以区分。

　　司机 *Halli* 常常嘟囔：

-*What is the most dangerous thing in Iceland?*

- *Not the wind, not the volcano. It is tourist in a rental car.*

　　此言不假，路上见到至少两起自驾游客出车祸。*Halli* 并不讨厌旅行者，他女儿就曾孤身到中国旅行，当时不到二十岁。他讨厌的是不了解当地情况、由着性子乱闯的人，这也包括中国商人黄怒波。他曾在冰岛购买一千公顷土地，建设机场和度假村，最后没得到冰岛政府批准。

　　Halli 也持反对意见，认为"应该保留现在的样子"。听到这句，我心里有些惭愧，越洋旅行可以满足了自己的好奇心，但对当地居民未尝不是打扰。探索完东北部的峡湾，回到环岛一号公路，开始遇见越来越多的同胞。十五亿中国人都来冰岛旅游会怎么样？想着就不寒而栗。

　　越野车爬坡涉水克服种种困难，总算走到 *Askja* 火山附近了，突然一阵狂风卷起扬沙，司机判断形势不妙，决定立即折回。带着遗憾返程，身后沙尘暴仍在咆哮。

　　中秋晚上头一次看到极光时，我不懂得怎样去拍摄。司机兼个人综艺机器 *Einar* 傍晚观天象，推测有机会看到极光，连拍摄诀窍也全盘托出：感光度八百，曝光时间四秒。我支上脚架，对焦无限远，按快门，全黑画面！眼看旁边用卡片机甚至手机的朋友都在喜滋滋看着绿莹莹的图像，心里别提多烦躁了。最后是一堆垃圾废片。

　　国庆晚上大家正在畅谈，白天冰湖游船因大风被取消的遗憾渐渐淡去。*Einar* 忽然冲进餐厅，高喊"*It's happening!*"到达开阔地时，天边的极光已经很显著。这次心里有底了，机器也换了趁手的。左一张，右一张，极光姿态变幻尽收。我试着延长曝光时间，拍到的极光越来越亮，越来越绿。终于，极光爆发，纵贯天穹，不停扭动炫舞。一时看呆了，又一时光顾着拍错失了美丽景象。

　　次日在维克小镇，各人摩拳擦掌上山，依仗已有的心得，寻找最好的前景，准备痛快拍一场。不想极光很微弱，又下起雨来，最后没耐心再等，散场回酒店。想着还有两天再等，但没想到是最后一次见到极光。

　　事后我觉得拍极光的经历就像人生奋斗。年轻时有激情却没技能，机会来了也把握不住，不过有的是年轻本钱，觉得来日方长。中年时经验丰富，机会来了驾轻就熟，但过于专注攫取也难免遗漏。到了老年已经懂得进退，只可惜机会擦身而过，更要紧是时不我待，终成遗憾。

　　说来说去，最重要的还是机会。不去冰岛谈极光是空想，到了冰岛极光不出现是倒霉，极光来了乌云遮蔽，那就是人品不好了。

　　冰川行走，是的，就是在冰川上行走。脚下冰鞋，手上冰镐，装备必须齐全，还得紧跟向导。他凿开一汪泉眼，里面是纯到不能再纯的冰川水，据说一口能让你年轻五岁。要喝还得克服困难，导游将冰镐横向支在地面，男生都得做俯卧撑，强力的做几个。既然来到极远之地，索性狂一回，我脱剩 T 恤做，喝到的水味道清脆甘甜。

雷克雅未克是座文艺的城市，以"*Hip and Cool*"为自豪，二十万人口却有不止十座博物馆。雷克雅未克人都是文艺青年，街角的行人的站姿都像时装杂志模特，连他们的上届市长，都是一位朋克气息十足的笑星 *Jon Gnarr*。

雷克雅未克国际电影节为期十二天，恰好与行程重合，参赛和放映的都是高雅艺术片。甚至有中国元素——奥斯卡奖得主、巴西导演 *Walter Salles* 拍摄的纪录片《汾阳小子贾樟柯》。和匆匆赶行程的旅客一样，我没去看任何一场，即使 *Bio Paradis* 影院就在住的酒店斜对面。

国家博物馆的布展有特色，并不追求一味的古、怪、奇，而是历史叙事的脉络，以普通人的日常物品来展现时代变迁。国家画廊里的展品则深具现代主义元素，不是那么容易懂。个人最喜爱一幅人像摄影的注解"*I dreamed of a man dressed in Icelandic wool sweater and naked from waist down playing the accordion while I beat him with a dry fish.*"（我梦到一个男人穿着冰岛羊毛衫，腰以下赤裸，正在拉手风琴，而我用一条干鱼揍他）

就在那一刻，我突然发觉这次旅行缺少了什么。

从冰岛回来，我没有预期的满足感。也难怪，好容易来到人迹罕至的国度，却十多天忙着赶路，几乎没有静下心来观察、体验、思考的时刻。和众多朋友同行，固然热闹欢乐，却丧失了视角的自主性。并不是风景的关系，冰岛是美丽到令人呼吸停止的。但从西藏开始，我已不是为看风景而旅行了。这回缺少的是与精神相关的某种东西。

这感受挥之不去。

即使我写了 *19* 条品味冰岛也无补。

即使我上电台节目聊冰岛也无补。

即使我读完整本北欧神话也无补。

回到家，听从冰岛买回的唱片也无补，空灵哀怨的民谣，或者冰冷的电子乐，都不能打动我。然后，是从文化网站 *Grapevine* 下载的 *Born* 乐队歌曲 *Svithin jorth*。

鼓点强劲，贝司低吟，主唱的声音充满变声期的尴尬，真正"*Smells like teen spirit*"。录音环境发闷，显然不是专业棚。我的脑子里闪过一个念头，难道……

听下去，乐曲由强力高潮开始，持续到结束，两分五十二秒一气呵成。是的，真正的能量爆发不需要酝酿过程。

这是涅槃乐队地下时期的风格，粗糙、质感、没有妥协，不容怀疑和否认。我忍不住，哭了。

柯本没有自杀，他隐姓埋名到冰岛生活，远离名声带来的重重压力。也许他放羊，也许他捕鱼，来自西雅图的他，对海洋并不陌生。

渐渐被人遗忘后，偶尔他忍不住还是操起了乐器，和村里几个年轻人耍一耍，当他们要录制歌曲时，他隐去了。

某天，在加油站他远远看到一群来自亚洲的游客，其中一人发型相当糟糕……

这是我的想象，就如有人在阿根廷遇见张国荣，有人在日本见到黄家驹。但在生命被改变的人心里，这想象难道不是最真实的吗？

欧罗巴拾零

天色已暗，我和阿邱站在阿卡法街上等余泽民。

两件事原本互不关联。

一是多年以前，在应用心理学课程里结识了万良，他读北外匈牙利语专业，工作在外交部。

二是春天买了一堆书，不少是花城出版社"蓝色东欧"系列里的小说，其中匈牙利作家贝拉的一册尤其惊艳，连带也很在意译者余泽民。

出发前，我想到既然余泽民客居布达佩斯，不如顺嘴问问万良是否认识。喜出望外的是，万良一手安排了我们见面。

余泽民推荐了"小烟斗"饭馆。这地方很有来历，有一首凄美的歌曲"忧郁的星期天"，巴科夫以其为灵感写成同名小说，后来改编为电影"布达佩斯之恋"，场景就在这家饭馆。

我和阿邱一路找去，三十八号如今成了"*Malt R*"精酿啤酒馆。饭馆已在二月份歇业，换了东家重新装修，只在厨房边留下一块旧招牌为纪念。

几个月而已，我错过了文学史上的标志性现场。

我们转到李斯特广场附近餐厅。余泽民打开话匣子，谈性很浓。来之前对他的传奇经历已经略有了解，但听本人娓娓道来，依旧有种特殊的亲临感。

余泽民先在北京医科大学读临床，后在中央音乐学院读艺术心理学，一九九一年随出国大潮来到匈牙利。从对匈牙利语一窍不通，到翻译多部当代文学著作，他的学习过程非常纯粹原始，没进过一天教室，完全靠跟别人聊天，以交流实现交流。

匈牙利语非常独特，不同于欧洲任何其他语言。我自以为有些语言天分，学过英语，到了德国就能连蒙带猜对付，学过俄语，到了斯洛文尼亚也能看个大概将就。但在匈牙利呆了五天，却一点摸不着头脑，连地铁上的人是不是在说匈牙利语都不肯定。

我对余泽民佩服之至。

余泽民身上仍然保持着传统知识分子的气质，在欧洲住了这么多年，也没动过做生意的念头，以"安贫乐道"形容并不为过。他和许多匈牙利著名作家是好朋友，致力将他们介绍给中国读者。他用中文写作，小说和散文都已在国内出版。他当过记者。他也当老师，在布达佩斯的罗兰大学教翻译，在北京的第二外国语学院教匈牙利语。

他有自己的个性，写作上有自己的想法，为此常常和国内的文学编辑有分歧，不愿意写他们期望的类似《北京人在纽约》的"华人文学"。他对某些作家追逐热点题材，热衷改编电视剧的做法也颇不以为然，笃定地说他很少读国内的小说，怕污染了自己的文字风格。

我对余泽民肃然起敬。

余泽民的弟弟余伟民是著名鼓手，在摇滚圈里是响当当一号人物。我问起时，他得意地说，"我弟弟还是受我影响开始弹吉他的呢。"他给我披露了两个秘辛。一是那张著名的窦唯、王菲和做梦乐队的合影，就是在他家院子的门洞里拍的。二是何勇如今是真的精神分裂了。

余泽民送我和阿邱回酒店，一路上向我们介绍沿途的地标。在匈牙利生活了四分之一世纪后，余泽民适应了自然、散漫的生活节奏，或者如他在书里所写，"我习惯了这里的人情味"。

我完全赞同。这座城市深沉、迷人，浪漫气息随处可见，非常适合读书人和写作者居住。

只可惜，匈牙利语太难学了。

维也纳英语剧院，整整七年前，我来过。

上回，临时起意来消磨一个夜晚。

这回，特地安排来消磨一个夜晚。

趁着开戏前在附近转转，七年前住过同条街的公寓大楼，还在。七年前吃过晚餐的 *Helene* 餐厅，还在。七年前买过早点的街角便利店，还在。

变了的是我的年纪。

小奕身在国内，七年前是我的旅伴之一。我将感想发给她，很快收到回复，"哈，只过了七年啊，感觉都一个世纪。变的不止是年纪吧，心情际遇都不同了。"七年前她还没认识如今的老公，现在她是两个孩子的妈妈。

上回看的是一出美国喜剧，男女主角演绎老人黄昏恋。

这回看的是一出英国喜剧，女主角独自诠释中年解放。

好剧本，好演员，好观众。和上次一样的享受。幕间休息时供应的香槟酒一样的昂贵。

散戏后走在街头，渐渐有了凉意，我深深吸口气，遥想七年后再来维也纳。某个夜晚，我到英语剧院看一出戏，或许是关于青年人挣脱苦闷。

我浏览照片，对比两次维也纳之行，主题、取景、角度都大有不同，尤其明显是在再次造访的地方，霍夫堡，跳蚤市场，白水屋，我看到东西不一样了。

七年前，即使不再能量满格，我依然相当"动态"，摄影时总有一种追逐、抓取的感觉，生怕漏掉任何精彩的画面。

如今，我基本上趋向"静态"生活，摄影也呈现更为淡定、平稳的风范，生出了等待画面自然上演的耐心。

我变了。维也纳呢？

我在 *YouTube* 上看斯蒂芬·科尔伯特的脱口秀节目。那天他访谈奥地利演员克里斯托弗·瓦尔兹，地地道道维也纳人，两次奥斯卡金像奖得主。科尔伯特一直以犀利与机智著称，常常在访谈中优雅地胜出来宾一筹，但是那天他遇到了劲敌。

瓦尔兹以带些淡淡德语口音的英语，叙述维也纳如何塑造他的人生观，教他欣赏而不是畏惧死亡。他和科尔伯特一直在语言上较劲，互不相让，笑点不断。

最后他讲了一个极其深刻甚至有禅意的故事，还不忘了结尾回应死亡的主题，然后我看到科尔伯特的表情。

我认出了那种表情。

那是西部片的酒馆里，约翰·韦恩突然看见进来一个狠角色时的表情。然后他低下头，慢慢向门口移动，试图躲开麻烦。

那是国际象棋世界冠军赛里，斯帕斯基面对费舍尔走出致胜招时的表情。然后他慢慢露出微笑，起身为对手鼓掌，大度认输。

那也是现已消失的红番区酒吧里，我在"算24"游戏里完败给颖怡时的表情。然后我们成了好朋友。

科尔伯特沉默了一会儿，然后转向观众，宣告访谈结束。

那一刻，维也纳胜过了纽约。

合上电脑，窗口投来傍晚的阳光，我深深吸口气，遥想七年后再来维也纳。

某个夜晚我在街道漫无目的散步，

走入一家地下室酒吧，

点一杯酒单上没有的啤酒，

听着老式录音机里的钢琴曲，

不受打扰地坐着思考。

思考死亡。

不受打扰地坐着思考。

思考死亡。

我坐车，去的里雅斯特，在一个阴天。

作为旅行目的地，意大利并非我钟爱。如果一定要去，我选择的里雅斯特。

一次世界大战之前，这是奥匈帝国主要港口。如今繁华不再，仍留下了众多中欧风格建筑，稳重雄浑、杜绝浮华。文学大师乔伊斯曾在此长期生活。历史学者霍布斯鲍姆也在书中提到，他母亲即是从这里上船前往埃及，才在亚历山大港认识了他父亲。

意大利统一广场，雨水湿气浸润，满天乌云压低，紫衣女子撑伞飘过。

耳机里传来一首《阴天》，应景。

上世纪末，李宗盛为莫文蔚写歌，当时离婚一年后刚刚和林忆莲结婚。正如歌词"感情说穿了，一人挣脱的，一人去捡"。

此刻听李宗盛2006年演唱会上重新诠释，两年前和林忆莲离婚，不幸应了当初预言，"这歌里的细微末节就算都体验，若想真明白，真要好几年"。

即使创作者本人，也未必能在当下领会作品里全部涵义。

年轻时写诗，重读时，人生经验不同了，我对微妙意象领会也就不同。

三天前在维也纳现代艺术博物馆，阿邱对着摄影大师作品若有所思说，"这张离焦作品真棒"。

我瞬间被提醒，同样是成像模糊，"失焦"是客观现实，结果令人败兴；"离焦"是主观创作，意图有违常态。"失"隐含身不由己，"离"暗喻甘心情愿。

可能，这就是为什么人们说"失恋"，也说"离婚"，却很少交换动词。

莫文蔚唱《阴天》，

动人是失恋女人情感纠结后沉积与放下。

李宗盛唱《阴天》，

动心是离婚男人领悟荒唐后释然与超脱。

电车通往奥皮奇纳，历史悠久，像是港岛叮叮车和山顶缆车合二为一。走到市中心奥贝丹广场，才发现去年八月一次事故之后，电车已经停止服务。

因各种意外而错失，是旅行中常态。我已经学会，不让它影响了心情，正如不让阴天左右了情绪。

我迈步走进街边咖啡馆，喝一杯卡布奇诺，静静坐着，任时间流逝。

蓦然在镜子里看到自己，有多久没有这样傻笑了？

整整两星期旅行期间都是晴日，除了那天我坐车去的里雅斯特。

该怎么形容？

独一无二。

+MSUM
umetnosti Metelkova / Museum of Contemporary Art Metelkova
+MSUM

人类学博物馆是幢三层楼，面积并不大。二楼有个区域仍在布置，我从展品中走过，无意瞥见一幅画有鲁迅先生的形象，整体是鲜明中国风。我见近旁有位头发花白的女士，就用英语询问"*Is this from China?*"她看看我，用清晰标准的普通话反问"你也会说汉语？"旅行过四十个国家，见识了各样奇异，这回我还是确确实实吓到了。

旅行者都会惊叹卢布尔雅那的精致与美丽，也会在心中暗自思忖，国都就这么迷你吗？

维也纳和布达佩斯是雄伟壮观的帝国首府，布拉格是繁荣高雅的区域中心，卢布尔雅那则是隐于一隅的宁静县城。热情的酒店接待员在地图上标出"十分钟步行圈"，我看了狐疑地问"这不就覆盖了整个市区吗？"他笑容绽开说"*Yes!*"

想来想去，可能只有哲人老子来了会惊喜，因为他"小国寡民"的理想在此成为现实。斯洛文尼亚面积只有两万平方公里，向任何方向开车一个半小时就出境了，而在北京开一个半小时还没出五环。卢布尔雅那人口二十八万人，居民互相间基本都认识，而北京的回龙观就住着超过三十万人，互相之间未必认识。

斯洛文尼亚一千多年来被异族统治，直到一九九一年才独立，历史文化上可骄傲的事情并不多。我在人类学博物馆隔壁发现，国家博物馆藏品乏善可陈，据说有件国宝级乐器，但我没找见。

居然有个斯洛文尼亚人说着流利的汉语！不能想象，回龙观有人说着流利的斯洛文尼亚语。

定下神来，我和女士交谈。*Jana Rošker* 先在维也纳学习汉语，后在北京大学和南开大学进修。她起了中文名"罗亚娜"。我不禁想到过去有同事英文名也是 *Jana*，常被同事称作"椰奶"。我恭维罗女士汉语讲得好，她回答"你说得也不赖。"我笑着又问"您是在卢布尔雅那大学教书吗？"她自豪地回答"我创立了那里的汉语系！"

原来是斯洛文尼亚头号汉学家。不能想象，在回龙观碰到中国……任何领域的头号专家。

回溯历史，斯洛文尼亚和中国的交集并不多。二十世纪初，斯洛文尼亚人伊凡·雅戈尔（*Ivan Jager*）曾到北京修建奥匈帝国驻华使馆，位于台基厂头条三号，七十年代曾是外交部宾馆。雅戈尔后来又去了日本，最后定居美国，成为著名的建筑家和亚洲文化收藏者。

和他齐名的约瑟夫·普雷其尼克（Jože Plečnik），在维也纳和布拉格起步，后半生完全奉献给故乡。我参加了两小时的卢布尔雅那步行游，沿途看到各座地标建筑，基本都是他的作品。

我决定放弃旅行指南鼓吹"必须去"的布莱德湖，而在卢布尔雅那逛逛。我意外发现有餐厅挂着大招牌，上写"白天鹅"三个汉字，走近了，果然是中国餐馆。我夸奖来自浙江的老板，海鲜炒面加番茄蛋汤味道不错。

Metelkova 北半区曾是军营，国家独立后被游民占据，如今成了地下文化中心，各种涂鸦覆盖建筑，小路旁树立着先锋雕塑，墙上贴着非主流演出的海报。别有寓意的是，不太宽的通道上有三个台阶，通往南半区几座国立博物馆。小小的地势高低，悄悄暗示了两区之间的文化差异，无论是建筑还是展品。

现代美术馆里是巴尔干地区艺术家的展品，要看懂的话很费心思。让我印象深刻的有两件。

其一是塞尔维亚行为艺术家玛莉娜·阿布拉莫维奇的惊世骇俗作品。她摆出 72 种道具，允许观众任意在她身上使用。她的结论是"如果由着他们来，我必死无疑"。几年前我在塔斯马尼亚看过她的个人特展，其中一件影像作品讨论中年女人、青年男人以及狩猎工具之间的情感张力，让人耳目一新。

其二是斯洛文尼亚摇滚乐队莱巴赫的创团宣言录影，基调像是法西斯分子在焚书坑犹之前的集会，这正是他们刻意打造的形象。他们在访谈中提到"说我们是法西斯分子，就和说希特勒是一位画家差不多"，倒是极具摇滚气息。

2015 年他们受邀在平壤开唱，成为首支在朝鲜演出的西方乐队。有可能朝鲜领导人没有意识到，他们行为举止中的极权主义风格，其实是一种反讽。

前一晚，在位于居民区的 Prulček 酒吧，我欣赏了 Jammocrats 乐队的演出。前几首英语歌都是美国乡村音乐风格，我以为他们是开着皮卡、怀抱猎枪、大选投川普的美国乡下人。幕间休息后斯洛文尼亚语歌曲连番登场，我才明白他们和其他卢布尔雅那人一样，英语说得特别好。主唱和观众互动，提到东北部靠近匈牙利地方的人口音很特别时，我不禁莞尔，这么小的国家居然也有口音差别。

离开博物馆区，我想去尝尝近年来本地突飞猛进的精酿啤酒。阅读免费城市介绍时，我读到一个有趣的故事。外国游客非常爱喝 Ajdovščina 精酿作坊的啤酒，却总是念不好他们的名字，最后读成了"Out Of China"。坊主先是不以为意，后来索性开发一款啤酒，命名为"Out Of China"。可惜，当晚我拜访的餐厅没有供应，少了一丝中国缘分。

酒吧里年轻人很多，跟其他餐饮场所相同。斯洛文尼亚独立后实行市场经济，但仍然保留了计划经济的某些做法，教育包括高等教育免费就是其中之一。学生在餐厅吃饭还享受特别优惠，差价由国家补贴。读书不要钱，吃饭又便宜，这里就是我的理想国度。

罗亚娜女士邀请我星期五来出席展览开幕。我客气地口头接受，其实明天就上飞机了只能爽约。小而美的地方，以后还有没有机会再来？

废墟进退

我有好奇心。我思考过许多问题，有些深刻到无解，有些肤浅到无聊，但我从来没想知道，

"一九三六年欧洲最大的机场在哪里？"

提示一下，这个问题出现在塔林机场的公告牌上。

不难猜到，答案是塔林。

今天的塔林机场不是欧洲最大的机场，甚至在波罗的海沿岸地区也排不上，但在我经过的所有机场中，应当是最有设计感的一座。

我猜测，恐怕很少人知道塔林是爱沙尼亚的首都。

我几乎去过塔林。五年前和父母一起在北欧旅行时，有机会从赫尔辛基坐渡轮去塔林，由于种种原因没有成行。

这回终于了了心愿。

我猜测，恐怕更少人知道塔林曾经是奥运会举办地。

那是一九八零年，主办城市莫斯科是内陆城市，于是当时尚在苏联的塔林得以承办帆船项目，就像青岛承办北京奥运会的帆船项目。

我事先也不知道这篇历史掌故，直到我见到了林纳哈尔（*Linnahall*）。

那是一个云层厚重的下午，我从酒店出来走向海边，不多远就被眼前的建筑群惊到，这就是林纳哈尔。巨大的混凝土结构，不少部分被围栏阻隔，还有多处破损剥落的地方，显然被废弃和遗忘多时。除了几个与我一样漫游而来的步行者，无人问津。

在塔林美丽的古城逡巡时，我心里一直记挂着它。上网检索后，很快找到资料，原来这是塔林借承办奥运会的机会建造的公共建筑中最有名的一座。林纳哈尔的正式名称是"列宁文化和体育宫"，主要由音乐厅和滑冰馆组成，直到二零一零年才停用。设计者是两位本地建筑师，终其一生的作品都在爱沙尼亚。

次日清晨我特意前往。朴素的立面，大而长的阶梯，宽广的平台，延伸到海中的直升飞机场，这算得上是苏联时期现代主义建筑的代表作了。

行走其间，我有种奇妙的感觉，仿佛置身曾到过的世界文化遗址，像是希腊雅典卫城，土耳其以弗所神庙，或者是约旦杰拉什的斗兽场，目睹古代文明的残破痕迹。同时，脑海里不停闪过另一个念头，仅仅是八年时间，衰败的气息已经弥漫林纳哈尔。

二零一五年塔林市政府宣布将重建林纳哈尔，马路边的告示牌也提示二零一九年将重新开幕。我目力所及，看不到工程进行的迹象，更没有明年能完工的征兆。

想象一下，一幢建筑五百年置之不理，无人打扰，会不会成为举世瞩目的奇观？那时的地球居民会不会来此赞叹先辈的成就？反过来想，如今留存下来的著名遗迹，是否并非当年的登峰造极之作，只是运气好的幸存者而已？我们今天看到的历史片段，究竟有多少反映了全貌呢？而从中得出的经验性定律，到底又有多少内在合理性呢？

一位哲学家或许会觉得我的问题深刻到无解，而爱沙尼亚人或许会觉得我的问题肤浅到无聊。他们没有时间惆怅过去，在一九九一年重新独立后忙于发展建设，尤其在高科技方面成就斐然。

或许，下回来塔林时，机场公告牌上的问题会变成，

"欧洲最早实现数字社会的是哪个国家？"

答案不难猜到吧。

球场就在那儿。和我住的宜必思酒店，只隔一条大街。

于是，我决定去看一场波兰丙级足球联赛。

售票人员翻了翻我的中国护照，疑惑了一阵，卖了球票给我（二十兹罗提，合四十人民币）。球场很老，只有东西两面看台。东看台空着，西看台北半是季票持有者的领地，即使落到了丙级，球迷会旗帜、标语、鼓乐器一应俱全，南半坐的都是散客，但无论大人小孩，都有标志球衣或者围巾，唯独我是例外。

举目四望，我是唯一的亚洲人，也是唯一拿相机的人。

1911 年成立的波兰人队（*Polonia Warszawa*）是华沙最古老的俱乐部，在历史上得过联赛和杯赛冠军各两次，成绩算不上彪炳，远远落后于同城对手军团队（*Legia Warszawa*）。在波兰人队球迷眼中，本地人当然要为扎根本地的波兰人队而呐喊，支持军团队的都是些郊区居民和外来移民。这类似于上海申花球迷看待上海上港球迷的眼光。

即使遭遇降级厄运，他们丝毫未减忠诚，一意坚守。

波兰历史上不缺少在困境中坚守的人。即使被普鲁士奥地利和俄国三次瓜分，即使被沙皇俄国暴政统治百年，即使被德国在二战中占领蹂躏，即使被苏联隔绝在铁幕后，都没有磨灭波兰人追求自由的意志，复国独立的决心，也未能阻挠波兰人拥抱工业文明，创造文化财富。

正是由于长期居于弱者地位，才让波兰人习惯了在逆境中抗争，不会轻言放弃。他们总能表现出惊人的战斗意志，无视力量强弱，八十年代崛起的团结工会就是最好的例子。

前往球场之前，我去了华沙市中心的圣十字教堂，那里存放着肖邦的心脏。教堂前的广场上人声鼎沸，学者、军人、专业人士等身着盛装，游行队伍浩浩荡荡向百米外的剧院走去。从标语和旗帜看来，似乎是科学协会的年度会议。

偏偏在这一派祥和喜庆的气氛中，有一群不和谐的人出现，他们全都身穿深色衣服，先是围着一口棺材慷慨激昂地演讲，然后抬着棺材跟在游行队伍尾巴。在剧院门口被安保人员阻止进入后，他们就地举行抗议，宣读声明。

我不懂波兰语，不知道抗议者的诉求是什么，但很佩服她们的勇气。在众寡悬殊的情形下，依然敢于表达自己的不同意见，这也是华沙人的一贯作风吧。

比赛才开始两分钟，波兰人队就利用角球得分。球迷欢呼四起，我也参与到大声喊叫之中，和周围的陌生人鼓掌庆贺。刚刚经历四连败之后，球队太需要一场提气的胜利了。在这个明媚的秋日下午，球迷有了一个美妙的开局。

经过一阵激烈对攻，场面陷入僵局，略显沉闷。球迷会骨干带动全场观众造人浪，唱啦啦歌，我虽然不会波兰语，也情不自禁参与进去。现场看球真是有魔力。下半场主队再进一球，人群气氛达到高潮。

有不少父母是带着小孩来的，或许是熏陶孩子对足球的兴趣，或许是传承对球队的情感。看球，对这些孩子来说，是社区文化的一环，是人生体验的一种。未必所有人都会成为球员，但所有人都可以享受足球的方方面面。

所有人都可以享受运动的方方面面。当天更早些时候，我在华沙马拉松赛的现场，有了深刻的体会。

今年是本项赛事第四十个年头，开幕式也格外隆重，赛事组委会就设在我住的酒店里。和我一同搭电梯下楼的一位黑人，身材瘦削，肌肉强健，当时我就疑心是特邀来的运动员，后来果然在现场看到他。

我随着人流走向设在体育场边公园里的起跑点，一路上看到各种层次的参与者，有卖力热身的运动员，有忙于留影的爱好者，有穿着斯巴达斗士服装的团队。

赞助商波兰航空派出空姐站上展台，吸引不少男人的目光。主席台前啦啦队正在热歌热舞，吸引不少孩子的目光。台上司仪正在介绍到场的历届冠军，吸引不到什么人的目光。

出发仪式别出心裁，先让轮椅马拉松选手出场，后续才是高水平选手，接着是成绩达标的半专业选手，然后是打酱油的爱好者，包括推着婴儿车的，装扮成奶酪的，戴着啤酒帽子的，浑身贴满广告的。赛道沿线有各种演出，既有古风民间二重唱，也有电声摇滚乐队。这更像是一场狂欢节，缺少我国办赛事时的庄重感。

客队扳回一球后，球场一时变得凝重起来，球迷们加油鼓劲的同时，也率先攻击主裁的误判，这倒是和我国情形一致。比赛胜负毕竟是重要的。

比赛也不仅仅是胜负，中场休息时大家走到场外，认识的朋友叙旧，不认识的人问候，一起喝啤酒，吃烤香肠，嚼土豆片，其乐融融。

主队最后守住二比一的胜果，球迷们开心地欢呼，孩子们跑下看台要球员的签名。我站起身，意识到能有一支无条件支持的主队，是多么幸福的一件事。

于是，两个星期后，我回到家乡苏州，和三个好朋友一起到现场为中国男足呐喊加油，尽管他们和印度队零比零闷平，尽管他们踢得毫无想象力。

于是，得知波兰人队接下来四胜一平，扭转颓势时，我和他们的球迷一样由衷的高兴。

于是，我决定，无论中国足球再让人失望多少次，我还要支持下去。

人都有自我膨胀、得意忘形的时候，我也不例外。每到这时，我就打开黛博拉的朋友圈，读读她听了古典音乐会之后的评论，比如"约书亚·贝尔[1]的西贝柳斯小协技巧有余，细腻不足，略显粗粝"。一下子，我就回到了自己在宇宙中应有的位置。百试百灵。

我对古典音乐所知甚少，欠缺修养，辜负了中学音乐老师的悉心教导。至今，管弦乐作品都是我最可靠的催眠曲。浩波最近都在抱怨连续失眠的问题，我推荐他试试拉赫玛尼诺夫。百试百灵。

对古典美术作品，我同样是门外汉，这既包括中国的山水画和书法，也包括印象派之前的所有西方绘画。我看不懂技法、气韵、笔触、布局等等，所以无法和其他欣赏者讨论。我愿意花时间看的，只有当代艺术，即建立在观念上的艺术，换句话说，我认为它是什么，它就是什么。这种无拘无束的感觉，是我钟爱的。

赫尔辛基艺术家皮尔维·塔卡拉（*Pilvi Takala*）的作品 *Second Shift*，用影像呈现自己扮演六种不同职业。最有趣、最让人着迷的，是她在一家咨询公司市场部实习的经历。她要么整天坐着思索一言不发，要么呆在电梯里上上下下，总之不做正经事。她怪诞不经的行为让周围的人惊讶、迷惑、烦恼、惶恐，但除了少数几个人和她短暂交流，没人打搅她。在公司邮件里，人们互相询问她的来历，指望别人做些什么，而让自己置身事外。

我目睹艺术家将工作场所中的怪异现象推到荒谬的极致后，陷入思考，工作究竟是如何改变人的自我认知呢？值得一提的是展出所在的奇亚斯玛当代艺术博物馆，建筑本身相当别致，曲线贯穿的造型，精炼简约的墙面，塑造出宁静安逸的环境氛围。

阿黛侬美术馆的口号是"*Classics with a twist*"，宣传单张上若干著名油画

1　Joshua Bell（1967- ），美国小提琴家。

里的著名人物都被卡通形象代替。这引发了我前去一探究竟。馆内藏品多样，画作既有出自梵高等著名大师的，也有出自本地后起之秀的。

让我倍感兴趣的，是一系列抽象雕塑，以及若干概念装置作品。尤其是这件 *Selfie*，作者邀请观众在镜子中留影，可能是激发对自拍日益侵入日常生活的探讨。我调整站位，举起相机，拍下自己自拍的姿态。我想到，以摄影为主题的摄影，学名是否为"元摄影"（*meta-photo*）？

我在三楼得到了更好的艺术创作机会。两位艺术家在平台上设起了工作站，罗伊是住在芬兰的英国人，更为年长的约翰来自美国。我通过倾谈得以了解，他们的构想是，借助中国《易经》帮人做重大决定。既然情境这么熟悉，我欣然参与。全程在网上直播。

我先从一个类似福利彩票摇奖器的装置中扔出了数字"10"。约翰查询工作手册，按照"易经第十履卦"，为我介绍游戏规则。依卦文"履虎尾，不咥人"，罗伊披上虎皮扮演老虎，我和约翰轮流蹦起来踩老虎尾巴，游戏将在某一人感到被电击时终止。电击是怎么回事，来自何处？约翰神秘地回答，*"You will know it when it happens."*

约翰让我心中默念要做的决定，我们就蹦起来了。刚开始我还有点紧张，担心踩上罗伊身体，后来发觉他躺在那儿神情自若，也就放松了。我和约翰渐渐蹦出了变化，角度、高度、手部动作乃至口中呼喊。

好像是几分钟之后，我向约翰示意累了，他点头结束了游戏。接着我们聊天，各自分享从游戏中体会的心得。

我想到，竞争是人的天性，参与游戏总是想赢，老想着踩老虎尾巴，尤其是在老虎不会反咬一口的时候，反而忘了借助游戏做决定的本意，直到半途约翰提醒了一句，*"It's the electric bites that count."*

我想到，这虚构的电击就如人生目的，不知什么时候会来，不知由谁或什么带来，不知以何种形式出现，人能做的，就是努力蹦，用心蹦。

我想到，要是蹦累了，电击还没来，不妨就停下来，也没什么好遗憾的。

我想到，即使电击没来，只要蹦的过程很开心，就挺好。

我想到，就算游戏规则是尽量踩老虎尾巴，也不必每次都去努力踩，随心所欲地蹦更开心。

我想到，躺下来扮演老虎，我看世界的角度会完全不同，所看到的将会改观。

我想什么都可以。这种自由自在的感觉，是我钟爱的。

赫尔辛基郊区的西贝柳斯公园，有纪念著名作曲家的钢管雕塑。我没有去看。我同意钱鐘书先生的说法，喜欢吃鸡蛋，也不一定非要去见母鸡。

更何况我都不喜欢这个鸡蛋。

不须归

人到了一定年龄，歌单就不再更新。

——《成都商报》

最后，还是要返回西藏。

有三类旅行者。

一类是 *pre-traveler*，事先的旅行者。他们的乐趣在于，出发前认真研究目的地，制定可靠的计划。一份厚厚的、事无巨细的攻略，带来最大的欢乐和快感。至于旅行本身，大致是以项目管理的态度，一丝不苟地执行罢了。我相识的银行家廣內先生，就是这样。有那么一阵子，我也是。

一类是 *hic-traveler*，当下的旅行者。她们的乐趣在于，用美颜手机留下自拍图像，即时上传到社交媒体。点赞无数和暖男在评论栏夸奖"漂亮极了"，带来最大的欢乐和快感。至于旅行本身，大致是以打卡点卯的态度，寻找背景板而已。我相识的设计师马先生，就是这样。有那么一阵子，我也是。

还有一类是 *post-traveler*，事后的旅行者。旅程结束，一切才刚刚开始。回想过又摩挲过的记忆，带来最大的欢乐和快感。耐心端详拍下的每一张照片，重读路上写下的片段思绪，在地图上追踪忽略了的地名，这才是旅行。如有疑惑，如有必要，就立即起身再去一趟。

"若一去不回？"

"便一去不回！"

这是我想旅行的方式。

二零零二年，北京大学山鹰社在攀登希夏邦玛峰时，遭遇雪崩，五位队员遇难。铺天盖地的报道之后，一切归于沉寂。

整整一年后，《南方体育》重新访问了相关人物，出了一期感人的专刊。返回的意义，既在于不曾忘却，更在于发掘遗漏的细节。完整的、全部的真相，在事件发生的当下，反而不容易看清楚。

要清楚了解自己在旅行中经历了什么，还是要返回。

于是，我返回了尼泊尔，整整十年之后。

这是我旅行的起点，结识一群好伙伴的地方，初体验摄影乐趣的场景，迷失落日余晖的时刻。

我寻到了当年的导游，但没有解开当年的谜题。

我拍下更为精致的画面，但没有弥补当年的遗憾。

我偶遇了熟人，但没来得及道晚安。

于是，我返回了奥地利，整整七年之后。

走在记忆渐渐清晰的街巷中，直到熟悉的剧院出现，我又一次被那种不安包围，难以形容却又实实在在。

不同的是，这一回我知道它的出处，是对死亡的困惑。

于是，我返回了西藏，整整八年之后。

当时，是我抵达祖国每个省份的最后一站，是句号，是里程碑，是高潮乐章。

现在，想去。想念未来佛的微笑。

我回到家中，坐书桌前，比较两次旅行间我的样貌。

变了的岂止是样貌。

最后，还是要返回西藏。

美很简单。

——美图品牌标语

滇藏线如今修得很好，就连三一八国道上有名的老虎嘴，现在也可借由隧道绕过了。途中一路没什么波折。

另一面则是，旅行不再有冒险的气息，一丝丝也没有。

正如数码摄影技术的发展，使得拍照的门槛降低，要从稀松平常中脱颖而出，必须有些独门武器。

拿风景照来说，如今不是航拍的，根本不好意思拿出手。这就必须动用无人机了。一路上，我们多次见到聚精会神操作无人机的摄影者。听说有人在南迦巴瓦峰下还丢了一架。

要不就是延时摄影。在索松村，天台上架起了若干三脚架和八爪鱼。同团的一位女士，更是手持拍摄了二十分钟。

我想，在当地藏族人的眼中，这些距离神山如此之近的飞行器，会不会是不受欢迎的入侵者。

也许，在他们眼中，我们这些在雪域高原上肆意行走，随手拍照的人，同样是不受欢迎的入侵者？

许多人热衷于在景点留影，特别是在地标所在，精心摆出各种造型。服装颜色，配饰风格，乃至跳跃或者倾斜的姿势，能想到的就会出现。从昆明到拉萨，一路上我都能见到她们。没错，都是女性。

以我的审美观，很多时候，没有她们在，画面说不定会更美好。

在罗布林卡偶遇同学，我们一同走向布达拉宫广场。一路上，她兴奋地说着，一会儿要跟摄影老师去拍"蓝调"。我没听说过这个名词，就请教她。

她解释说，蓝调相片是用慢门拍摄的夜景，有种特别的冷色系调子。我思索一下，拿出手机里昨天拍的照片，问她"就是这个样子吗？"她惊讶地说，"是呀，你怎么拍到的？"

我耸耸肩，"好多人在那里拍，我就跟着举手机呗。"

与八年前的旅行一样，相比起风景，我更想用镜头记录那些在地人物，鲜活的，自然的，融入场景的。

空气在颤抖，仿佛大地在燃烧

——《瓦尔特保卫萨拉热窝》台词

从西藏回来，有一种知觉渐渐清晰。

身处汉地的我们，生活中有宗教。

身处藏地的他们，宗教中有生活。

藏族导游米玛，如果不是给我们介绍景点，基本上都是手握念珠口中诵经。

八廓街上围绕大昭寺，以及任何寺庙周围，都能看到不停歇的转经人流。

信仰是藏人生活的中心。

反而是汉人的信仰，多少都有功利主义的色彩。有事才拜菩萨，遇难祈求上帝，成为一种常态。

至于那些换上藏袍，在寺庙前广场上假装磕头拍婚纱照的情侣，要么是无知和缺乏敬畏，要么是懂得高级的反讽。

我常常想，到底什么是信仰（*faith*）。信仰和信念（*belief*）又有什么不同。

当欧冠联赛中，利物浦大翻盘淘汰巴萨时，我突然明白了。

信念，是在有利证据较多时，认为事情必然发生。

信仰，是在有利证据很少，甚至根本不存在时，认为事情必然发生。

相信梅西一定会带领阿根廷队获得世界杯冠军，这是一种信念。相信中国男足一定会获得世界杯冠军，这是一种信仰。

信仰，比起信念，具有更大的力量。

从信念向信仰的飞跃，正如佛教书籍中常常提到的，是"不可理喻""不可思议"的存在。

Belief 信念

梅西一定能在有生之年
获得世界杯冠军

Faith 信仰

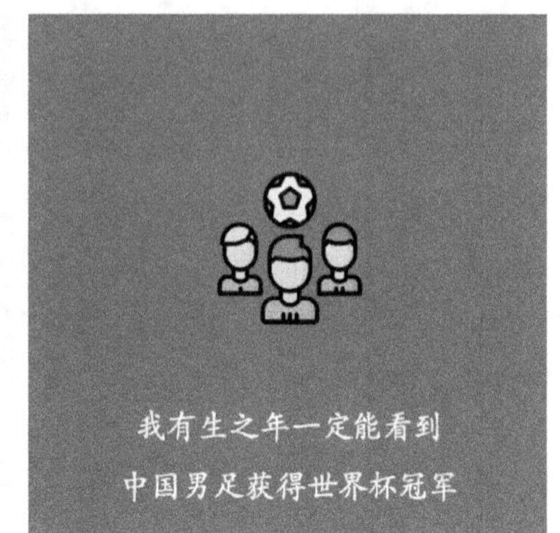

我习惯寻求证据，习惯批判性思辨，习惯有独立观点。这一步飞跃，我怕是做不到了。

上次在拉萨，我买了中国人柳陞祺的书《西藏的寺与僧》和《拉萨旧事》。这次在拉萨，我买了意大利人图齐的书《到拉萨及其更远方》。

同样是记述自己在西藏的见闻，图齐先生是以虔诚信徒的态度，柳先生是以教外学者的态度，故此两者笔下的描写和评论，有明显的差异。

回到上海，才发现图齐的书不见了，只好重新买了才看完。回想起来，可能是在邮局写明信片时，搁在桌子上忘记拿走了。

或许，只是那本书不愿意离开西藏。

戏
笑
醉

噢，芸芸众生，你们生活在土地上、阳光下，

我也曾活过，我热爱并赞美你们。

—— 纽波特，英国诗人

言葉

我就喜欢这样的一本正经的胡说八道

——领英读者李加银

方言

男生问女生要什么。她说，我要个果汁，还有"胆汁"。我吓了一大跳，口味这么毒？后来才明白，香港女孩要的是"蛋治"，即鸡蛋三明治。

听了我这个故事，老黄补充说，当年有个同事点饮料时要"鸭奶"，也把众人搞糊涂了，鸭子不是哺乳动物啊，哪来的奶？后来才明白，上海男人要的是"椰奶"。

优步司机问，"是要去 *Hu You Lu* 那里吗？"

我说，"您是福建人吧？"

大惊失色的他问道，"你怎么猜到的？"

五官

有说"我听了一耳朵……"的，也有说"我看了一眼……"的，却极少听到说"我闻了一鼻子……"的，这是为什么？

人有两个耳朵，但"听了一耳朵"，人有两只眼睛，但"看了一眼"，以此类推，是要说"闻了一鼻孔……"吗？

名字

新来了十五位实习生，都是中国人，最突出的英文名是 *Sherlock*。我问他，"你是自带华生呢，还是需要我们提供？"

金句

午餐。有人对我说，"*Coach* 就是美国的 *Hermes*。"

谦逊

曾在母校工作过的某人对我说，"您是我见过最 *humble* 的中欧商学院校友。"他本意是褒扬，我亦欣然接受。其实并不是说我有多谦逊，而是说一般中欧校友有多傲慢。正如七个小矮人最高的那位，身材依旧是迷你级，只是其余人更矮罢了。

交通

地铁。车厢远处传来吵闹声。我望过去，十岁左右的女孩子举着手机，对着一个中年妇女又哭又吵。

女孩："我要打 110 报警，告你虐待儿童！"

妇女："别闹了。我是你妈，也是监护人，警察不会理你的。再说，我不过是要你帮手做家务而已……"

女孩："那我打 119！"

妇女："真的？你想打火警？消防员来了你怎么说？哪里着火了？"

女孩子说不出话。她的小弟弟恰到好处地插话了。

男孩："我知道，她眼睛着火了！"

地铁。站我面前的年轻姑娘一路在用语音微信聊天。收到闺蜜的照片，她对着手机说，"感觉好美，感觉像度假的感觉。"这就是语音微信的好处，换成手写，12 个字一半是"感觉"，连大拇指也会拒绝按下去吧。

高铁。老大爷在看手机上的小视频，一个接一个，声音很响。

我忍不住了，说"老伯，可不可以戴耳机听？"

大爷说，"戴耳机听，伤我耳朵。"

我心想，"不戴耳机，伤我们耳朵呵。"

美化

早餐。咖啡店内，身旁的三位热烈交谈，韩语穿插着英语词汇。我发现被指定买单的女子排错了队，要提醒又怕韩国人英语不好，就用极简的单字说，*"There, pay there!"* 她说了谢谢，然后在柜台说起了标准普通话！我惊吓之后仔细端详，没错，她的精致五官是原生的。*My bad*。

胖的理由

晚餐。陈刚谈到饮食习惯，剩最后一口菜时，他没胃口就不吃，太太舍不得浪费，总是吃了然后说"难怪你那么瘦"。我边点头边反思。这时陈刚指着盘子说，"最后一片寿司你赶紧吃了吧。"

老花眼

昨晚梦见外婆了，老人家摘下眼镜给我，说"看得糊涂就用这个吧"。戴上之后果然一切都清楚了！

听见九二年出生的人事助理在教导九六年出生的实习生，"年轻人做事要更主动。"脊梁冒起一阵寒意。其实，在"年轻人"之前加上"我们"两字，就暖心了。

流程

有人出差住酒店，因失眠而加倍吃安眠药，不料引发梦游。醒来发现自己不在床上，定睛看，还好就在房间门外，低头看，糟了！全身赤裸啥也没带。他无奈何去前台求助。服务生亲切地说，"没问题，只要您出示下身份证就好了，这是流程规定。"

洋人

与泰国同事通过邮件，面对时双方都愣了一下。

她先开口，"*Yili*？我还以为你是女的。"也对，光看拼音我跟马伊琍同名呢。

我脑子也不慢，"*Ben*？我还以为你是男的。"泰国人名字也不容易区分性别。

她的杀手锏来了，"我以前确是男的。"

这下我哑口无言了。

在曼谷做培训。有参与者临时请假，邮件里说，"非常抱歉不能出席（其实不用抱歉，多一个少一个学员对我没差别），我和医生有约（其实不用解释，为何来为何不来对我没差别），要咨询人工受精。"这类隐私信息我真不想知道。

真的假的

用英语为日本人做培训，每次三小时，两天内共三次。对我，是耐心的磨练，对他们，是意志的折磨。有人听讲时频频点头，等我提问却答不上来。先是英文，然后日文，同样语塞。他眼巴巴看着我，指望我放他一马，我诚心装傻，偏要等待。最后他受不了了只好承认不知道。拆穿显然不符合日本人的情商。

英国人说，"我住在伦敦的*Wembley*，也叫印度城，因为我练瑜伽爱吃咖喱。"

德国人说，"我住在杜塞尔多夫的*Immermann*大街，也叫日本城，因为我学禅宗爱吃寿司。"

西班牙人说，"我住在巴塞罗那的*Trafalgar*大街，也叫中国城……"

"你一定是打太极爱吃火锅。"

“不是，我四十年没动地方，但中国人全都来了。”

加拿大人沉默了一会，说“我住的城市，曾经名叫温哥华……”

基情岁月

工作场所机会平等一直是发达国家，尤其是美国的主要社会政策之一。先是妇女权利，后来是少数民族权利，接着是对同性恋的接纳，如今体现在社会各个层面，娱乐界尤其居多，甚至漫画作者也来凑热闹，最近高调宣布英雄人物绿灯侠其实也去过断背山。中国国情与之相比，尚有不完全相同的部分，一方面是腐女审美在网络上盛行，一方面是主流价值观对此讳莫如深。

因此当美国企业总部要求，各国分公司都进行关于同性恋平等就业教育时，中国的人力资源经理往往苦于国内没有特别合适的材料。我为此特地撰写了下面的案例。本案例纯系虚构，如有雷同，纯属巧合。

讨论开始前可以向听众提出以下问题作为破冰活动，"你知道哪些著名的好莱坞演员在电影里扮演了同性恋？[1]"

在气氛变轻松后，案例讨论可以集中在以下的话题：小奇遇到的情况你遇到过吗？你当时是怎样处理的？

---

1. 举几个最出名的，1993 年"Philadelphia"里的 Tom Hanks 和 Antonio Banderas，1997 年"Midnight in the Garden of Good and Evil"里的 Kevin Spacey 和 Jude Law，2005 年"Brokeback Mountain"里的 Jake Gyllenhaal 和 Heath Ledger，2008 年"Milk"里的 Sean Penn，以及 2010 年的"Beginner"里的 Christopher Plummer。

小奇来自内地一座城市，当地生活悠闲，民风保守。所有人都按部就班地上学、工作、结婚、生子、变老、死去。独身或者婚后不要孩子被看作是怪异行为，同性恋则干脆是禁忌话题。事实上，任何稍微缺乏男子汉气概的人，都会遇到些麻烦。

小奇读小学时，有个长得白皙、瘦弱的男同学，当其他同学在操场上踢足球时，他却戴起袖套和女生一道打排球，或者跳橡皮筋。男生们对此的反感和鄙夷是一目了然的，有一天，几个学霸把他拖进男厕所，用最恶毒难听的话嘲弄他，还扒了他的裤子。

小奇从小喜欢看电视里的各种体育比赛，但他最讨厌的项目是花样滑冰，因为那些男运动员穿着鲜艳的紧身衣，动作带着一股子娘娘腔。一直以来，小奇都认为花样滑冰是同性恋的专属运动项目。

小奇在大都市上了大学。他眼界大开，发现了更为多元的生活方式，全新的世界里，一切似乎都是可能的。但他仍是那个内心羞涩的男孩，不觉得这些多姿多彩的生活与自己有关。当同寝室的人津津乐道同性恋的话题时，小奇说，"和一个男人接吻？我肯定做不出来。"

想了想，小奇补充说，"除非是跟裘德·洛。"

小奇违背了父母的意愿，留在了大都市工作。公司里新来位同事，他很快发现老板 *Peter* 对其特别友善。相熟之后，他问起同事原因，对方故做神秘地回答，"这全因为我的好朋友 *Gary* 是 *Peter* 的情人。"

小奇有点惊讶，"情人？可是 *Gary* 是个男人的名字。"

对方镇定地说，"没错"，然后投来意味深长的一瞥。

小奇仿佛明白了，一下子有点语塞，不知道该如何接续谈话。

半晌，他问了个久藏心中的问题，"他们都喜欢花样滑冰吗？"

后来小奇换了家公司。有位男同事 *Ryan* 毫不掩饰自己的同性恋身份，小奇很羡慕他能自如地和女生打成一片。渐渐地，小奇有个怪趣味的发现，他从未在男洗手间见过 *Ryan*。他特意不动神色地询问其他男同事，证实了自己的观察。和女同事们交流，打消了 *Ryan* 进女洗手间的可能性。难道他能憋一整天？

小奇的好奇心促使他展开秘密的调查，终于有了石破天惊的发现，*Ryan* 进的是——残疾人洗手间！在紧锁的门背后，*Ryan* 把"*hide in closet*"的含义推进到一个新的层面"*hide in water closet*"。

迷题解开了，小奇心中释然。他和 *Ryan* 有了更多交流和接触，甚至握过 *Ryan* 的手，其他男同事看了，多少有点诧异。

小奇去香港出差，夜里在酒店接到工作中多有互动的同事阿森的电话，问他想不想去看电影。小奇觉得无妨，就答应了。不多久，阿森又来电话，"小奇，九点半那场票没了，我买了午夜场。"小奇皱了下眉，但也不想辜负别人好意，还是答应了。

到了电影院，小奇突然发现了事情的诡异之处，现场共有 *14* 个人，除了他和阿森，是六对情侣，男女情侣。小奇觉得自己可能犯了错误。早知如此，他应当穿那件写着"*not gay*"的 *T* 恤衫。

小奇告诉自己别多想，专心看电影"加菲猫 *2*"。很快他发现阿森对情节有很多不了解的地方，老是问他问题。小奇耐心解释了几次后，忍不住问阿森，"你难道没看过《加菲猫 *1*》吗？"

阿森看着他说，"没有。"

小奇脱口而出，"那你喜欢花样滑冰吗？"

沉默。场景非常尴尬。

小奇认识了一个搞艺术的女孩子，和他在办公室里看多了的女白领不同，*Latika* 身上的那股与众不同的波希米亚风范吸引着小奇。犹豫良久后，小奇终于约她了，*Latika* 一口答应。

他们在一个电音派对里尽情欢乐着，突然一个有型男子来到 *Latika* 身边，肆无忌惮地和她说起话来，态度相当亲密，显然认识良久。层次感的长款圆领上衣，配同色系的软靴，痞子范儿十足。小奇很不舒服，但又不好发作，毕竟到目前他和她也只是谈得来的朋友而已。

"艺术圈的女孩子，果然还是不容易接触的。"小奇想。

Latika 忽然凑近小奇，说"嘿，你认识什么好男孩子，可以介绍给我哥们 *Drake* 吗？"

小奇先是一楞，突然领悟。确实，*Drake* 的痞子范儿换个角度看是一目了然的。

但这刹那的犹豫躲不过敏感的 *Latika* 的眼睛。她大笑起来，"你居然没看出来 *Drake* 是同志？哈哈，你是不是还吃我们的醋呢？"

这下小奇只有低头的份了。

后来小奇和 *Drake* 也成了好朋友。*Drake* 帮助他消除了许多偏见，尤其是这条，花样滑冰是所有人咸宜的运动，与同性恋没有必然关系。

在 *Latika* 的影响下，小奇的服装、饰品和整体造型都焕然一新，从小镇青年摇身一变为时尚潮男，谈吐中更是把他潜藏心中的文艺力量全部散发出来，成为众多女同事可以倾谈的密友。

有一晚上小奇加班后坐地铁回家。他戴着耳机听音乐，车厢里人很少，坐在对面长椅远端的是个身材保持很好的中年男子，两站过后，他移到小奇对面的坐位。又过去两站，他换到小奇旁边的座位。

小奇觉得他是要和自己说话，就摘下了耳机。

中年人顿了顿，指着小奇拎的大手提袋说，"这个包真好看，造型很中性的感觉。"

小奇听到别人夸奖自己的品位，当然很得意，笑着点头。

中年人又问，"是在哪里买的？我也很想有一个。"

小奇刚回答了半句"这是低调的高品质牌子，叫……"，突然意识到苗头有点不对，这是不是就是传说中的"搭讪"？

这是他头一次遇到这样的情况，手足无措是必然的。

车厢的空气仿佛凝固了，时间停止了，鸦雀无声，小奇能听到双方彼此的呼吸。每一秒钟都加剧这充满紧张感的难堪悬念。打破无声需要巨大的勇气，而小奇偏偏在此时没有。

终于，中年人提问了。

"你喜欢花样滑冰吗？"

成人礼的考试

2012年12月26日，通用电气在上海总部向今年招聘的20名应届毕业生发放聘书，并举办隆重典礼，还邀请他们的父母和老师出席。GE&ME称为"新员工的成人礼"。

大学毕业生如今是企业人力资源的重要补充来源。最让人头疼的是如何让学生尽快转变为员工，知名企业都很重视，强生公司还为此专门请郁伟老师讲"学做企业人"。按照中国人的习惯，有课程必定有考试，否则无从检验学习成果。这里是我的小小贡献，读者尽可随意采用。特别感谢《星洲日报》的郑丁贤和《纽约客》的伊桑·库珀伯格给我的灵感。

本测验旨在了解你对成人社会的了解程度，请你真实表达个人意见，对问题不要过多考虑。每个问题都有多个可选的答案，请从中选出最适合于你的一个答案，并在答题纸上相应题号后把与你的回答相对应的数字圆圈涂黑。每个问题都要回答，不要有遗漏。

1.公司派你和小赵一起出差。在飞机上邻座是个漂亮女孩，小赵想搭讪，又不知如何开口。你会建议他怎么做？

A."还好飞机准时起飞了，落地正赶上欧洲股市开盘。"

B."我本来是坐头等舱的，上来才发现当班空姐是我前女友，只好换到后面来。"

C."好像在北京马拉松赛见过你。我今年跑的是全程。"

D."开襟羊毛衫很衬你哦。"

E."你想去我的海边别墅看星星吗？"

2.小钱毕业后工作不温不火，三年后仍是高级文员。此时，他女朋友研究生毕业了，加入知名奢侈品公司市场部工作。女朋友开始抱怨他发展慢，说如果短期内没有明显改变就要分手。小钱该怎么做？

A.坚持买鲜花和巧克力表达爱意，直到感动女朋友。

B.先下手为强，换个女朋友。

C.努力上进，取得成绩，获得提升。

D.努力上进，取得成绩，获得提升。然后甩掉她！

E.交男朋友。这年头还搞异性恋的真心弱爆了！

3.小孙工作一直比较愉快。某一天，无意中发现同事工资比自己高。小孙该怎样处理？

A.冲进老板办公室要求涨工资，"必须的！"

B.根本不在乎。上班就是打发时间而已，工资还不够汽油钱。

C.肺都要气炸了，裸辞！

D.不做声，努力工作，希望老板赏识自己的才华和贡献后加工资。

E.想开了，上班时间炒股，弥补收入差距。

4.小李是个性格开朗的女孩子。某天她工作中出了差错，被上司狠狠批评一番。小李会有什么样的反应？

A.低头不语，希望风暴过去。

B.哭泣。

C.和上司对骂。凭什么，爸爸妈妈爷爷奶奶外公外婆伯父伯母叔叔婶婶阿姨姨夫舅舅舅妈从来不说我的。

D.不计较。上司已经三十五岁了，三十五啊，还不够失败。

E.不可能，爸爸是公司最大客户，上司不敢说的。

5.小周在货代公司单证中心工作。有一份重要文件丢失，经理在追究是谁的责任。小周该怎么回答？

A."是老同事的责任，他混日子工作不认真。"

B."是新同事的责任，他脑子不灵业务不熟悉。"

C."是老板自己的责任，事先没交代清楚。"

D."是清洁阿姨的责任，肯定是她给搞丢了。"

E."嗯，责任是什么意思？"

6.同事小吴给主管发短信说得了禽流感，不能上班了。后来发现他是开玩笑，根本没病。公司人力资源部决定开除他。你对此有什么看法？

A.他的行为破坏公司纪律，罪有应得。

B.只是个无伤大雅的玩笑，大叔大妈们就是不识逗。

C.就算他错了，也得给个机会。游戏里都可以满血复活，为什么现实生活里反而不行？

D.这跟我有毛的关系？

E.他真得禽流感就好了，公司会放假一天，说不定更长。

7. 小郑和小王在大学里是舍友。毕业后过了两年，小郑是银行的客户经理，日子舒心。小王没有稳定工作，日子闹心。小王______，因为______。

A. 和小郑交朋友／她爸爸是土豪

B. 向小郑看齐／她工作很努力

C. 鄙视小郑／她就会拍老板马屁

D. 退出微信同学群／受不了大家的调戏

E. 为小郑感到自豪／同学有出息

8. 小冯在中央商务区工作，工资每月3500元，扣完四金什么的到手3000元左右。房租水电网费每月1200元，吃喝每月1500元，交通费每月300元，手机省着用也得要每月100元。话剧票最便宜的每张80元。

A. 话剧对他来说是奢侈品。

B. 他可以去找小郑借钱。

C. 算了，他还是回内地家乡去。大城市不适合他。

D. 1200元？瞎编的吧，现在哪有那么便宜的房子租。

E. 老师，问题在哪儿啊，您不会给忘了吧？

9. 小陈是个素食者，但周围同事都讨厌她。你觉得可能是什么原因造成的？

A. 她是虔诚的素食者，连养的狗都不吃肉了。

B. 她是动摇的素食者，看了"舌尖上的中国"后就吃肉了。

C. 她是伪善的素食者，吃鸡肉时辩解说"来餐厅之前鸡就死了，又不是为我杀的生。"

D. 她是极端的素食者，连牛奶都不喝。

E. 她是假装的素食者，貌似连牛奶都不喝，其实是乳糖不耐症患者。

10. 你最想成为文艺作品里的哪个人物？为什么？

A. 中国电视剧"奋斗"里佟大为扮演的陆涛。有两个好爸爸就不用奋斗什么了。

B. 美国漫画"呆伯特"里的呆伯特。25 年来尽干傻事还能保住工作。

C. 美国电视剧"广告狂人"里乔·汉姆扮演的唐·德雷珀。在办公室可以随便喝酒、抽烟、训斥人、和女同事打情骂俏。

D. 中国电影"杜拉拉升职记"里黄立行扮演的王伟。只要够帅，白痴也可以升职。

E. 中国电影"小时代"里任何人演的任何人物。没错，我真的放弃治疗了。

给使用者的提示一：和成人世界大多数事务一样，本测验并没有所谓普世大众标准答案。各家企业文化差异很大，所提倡行为也不尽相同。建议挑选公司现有优秀员工先行测试，建立常模，以此作为新员工甄选基准。

给使用者的提示二：无疑，员工答案与公司基准越接近，越符合企业人要求。一题都没答对的被试者当然不宜使用，他们要么是被过度溺爱的"小主"，要么是表现叛逆的反社会人格。十题全部答对的被试者也不宜使用，他们要么是处心积虑的马屁鬼，要么是表现愤世的反社会人格。

给使用者的提示三：如果读完本文，仍然找不到头绪的，请参考本文开头提到两位作家的文章。

快乐就是这么容易的东西

对组织行为学有所了解的人，都应该听说过贝尔宾团队角色理论。贝尔宾博士基于多年在澳洲和英国的研究与实践，提出一支结构合理的团队应该由九种人组成。该理论颇有声誉，常用于各种团队建设活动中。

结构合理的团队效率卓著，或许是各级管理者的心头爱。但对普通员工，尤其是温饱无虞、利基升级的新新世代员工而言，更在意的是怎样的团队更有乐趣，换言之"高效"如何转变为"搞笑"。黔无驴，有好事之徒根据非系统的个人实地观察和长期追看"武林外传"等情景喜剧，总结出快乐团队的八种角色。

万事通

富于责任感而情绪稳定，逻辑性强，给人聪明的印象，要么真的无所不知，要么有无所不知的气场。对团队的快乐贡献，是卖弄才华时曝露的那份矫情。办公室换了新牌子的桶装水，万事通会仔细观察，认真品尝，然后悠悠然说，"清澈度好，入口流畅，尾调略觉柠檬味，回甘缺失。"

神经质

顾名思义，时刻处于紧张状态，总想显得自在却掩饰不住尴尬和焦虑，思考往往不切实际，偶尔则石破天惊。对团队的快乐贡献，是由于试图掌控事态，却总是失控收场的窘样。神经质长期失眠，最近才找到解药，只要不看王珞丹和白百合出镜的影视剧，就不用操心谁是谁了。

自大狂

境遇顺遂而被宠坏的人，受邀当过选秀节目大众评审而好下断语，拥有专属百度百科词条而自命不凡。对团队的快乐贡献，是时常冒出的惊人之语里的冷门梗。自大狂洋洋得意地指出，"老板的雄心就像要在高尔夫球场一杆进洞，但计划却像斯诺克台球桌似的处处漏洞。"

倒霉蛋

可爱的失败者，对未来的艰险永远缺少估计而过于乐观，对现实的复杂永远缺少认识而过于冲动。对团队的快乐贡献，是其悲惨处境能让大家暗地幸灾乐祸同时明里展现爱心。倒霉蛋会相信很多事，比如陌陌上有真爱，开微店能致富，以及中国男足必将崛起。

魅力星

异性和同性缘都好，作风高调或者说浮夸，言辞动人或者说具蛊惑性。对团队的快乐贡献，是能鼓舞人心让大家相信未来很光明。有些话魅力星说出来合乎情理，例如"我最爱的星巴克口味，当然是*Ariana Grande*啦"或者"孩子不爱喝你的奶是因为那不够甜"，别人说则成了轻佻或者冒犯。

蠢呆呆

素朴不假最友善，本性纯良最天真，过于轻信，常被人卖了还给支付宝充值。对团队的快乐贡献，是以其迟钝让他人体察到自身的聪明。蠢呆呆一直在纠结，芙蓉和凤姐，究竟谁才是最伤眼的网红。幸好辽阳四人组合*Love Wings*出现，消解了这个问题。但没多久又来了五个人的*Sunshine*……

吐槽王

别名"贱人"。对自身缺少安全感，故常毒舌恶语得罪人；对他人缺少同理心，故绝不会道歉。对团队的快乐贡献，是替别人把内心的恶意释放出来。吐槽王读到耶稣连问彼得三次"你爱我吗"，断言他是史上最自恋。婚礼上新娘跌倒时，吐槽王会爆发爽朗的笑声，掩护了其他窃喜的伙伴。

外星人

活在自己的宇宙里，行为古怪脑筋脱线，最擅长的思维是逆向思维，最擅长的说理是不讲理。对团队的快乐贡献，是帮助大家脱离沉闷而无趣的现实世界。当众人在争论"大鱼海棠"的人物、画风和配乐时，外星人则关注鱼生长的过程是否合理，同时认为电影名字起错了，应该叫"大海鱼塘"。

好事徒善意提醒，快乐其来有自，强求不来。按以上角色分布照方抓药未必可行，反倒可能拼凑出怪咖一箩筐来。常言道，花若盛开，蝴蝶自来，人若精彩，天自安排。以这样的心情期盼快乐团队，也不错哦。

你未必知道的十大职场陷阱

弓形虫，是寄生性生物，已确定的宿主是猫，而携带者则包括多种恒温动物。最近科学家研究发现，携带弓形虫的老鼠，不再害怕猫，甚至敢于主动走近。遗憾的是，弓形虫放大了老鼠的胆量，却没有改变它的战斗力，终究难逃被猫捕食的命运。

这样的半吊子解决方案，就如义和团的刀枪不入神符，或者市面上流行的成功学书籍一样，固然有初步提升自信心的效果，却最终经不起实践的考验。故此，有人请教职场的成功经验时，我往往怯于回应。另外，我的资格也不够，正如现在新媒体营销行业的前女同事指出的，"你的职业生涯也不是很成功嘛。"

杜甫说，"文章千古事，得失寸心知。"说不得成功，我总可以讲讲失败。以下这些可能折损生涯的作为，取自现实的观察求证，我特意拿来解说，希望能引起各位读者警醒。

乡党

"乡党"出自《论语》，现代陕西人保留了这个词，表示"同乡"的意思。同乡互相扶持，是值得夸赞的美德，但过于拘泥小团体的利益，罔顾大局，则不值得夸赞了。圣人孔子很善于言辞，但见了乡党，只能"恂恂如也"。在公司里要是某些人抱团结伙，互为奥援，往往是老板头疼的事。

旁听一家公司的工作坊，销售部门抱怨设计部门速度太慢，总不能符合客户的要求，设计部门则指责销售部门一味听从客户的无理要求，接下无法交付的项目。我的观感是，大家都只看到本部门的损益表，而没想到紧密合作，对外向客户争取更好的条件，对内共同提高工作效率。如此思路的员工，格局还不够大，眼界还不够宽，在公司内再上层楼的机会有限。

多疑

三国时代的枭雄曹操，可能是历史上最爱猜疑的人。无论遇到什么人什么事，他脑子里闪过的第一个念头一定是"他为什么这么做？"正是多疑，让他杀了朋友吕伯奢一家，杀了给他盖被子的仆人。赤壁之战中曹操接连上诸葛亮的当，草船借箭、蒋干盗书、败走华容，都是犯了猜疑心太重的毛病。

职场上也有这样的人，看的都是公司政治，想的全是阴谋理论。正常的意见分歧，曲解为成心作梗；机遇决定的失败，必定是他人陷害；连秘书忘了通知他开会，也成了老板要边缘化自己的信号。本来简单的事，生生被他们搞复杂了，往往算计太多，最后也未必结个好果。遇上他们，我必得借用郭冬临的台词"你心里就不能阳光一点儿吗？"

执念

康熙年间的大学士张英，针对家人与邻居的争执，做诗回复。其中一句"让他三尺又何妨"表现的谦让之德，传为美谈，也为桐城留下一条六尺巷。工作里与同事难免有摩擦，如果不懂得退让妥协，固执到不可动摇，凡事必要争个高低上下，迟早会激起敌意。

有朋友所在公司被收购，新派来的上司在专业上不如他强。他纠结于此，心里一百个不满意，从私下的抱怨，渐渐发展到公开的鄙视。最终还是胳膊拧不过大腿，被上司辞退。其实他若能放下执念，表现对上司地位的尊重，构建良性互动，反而有专业能力被肯定，乃至获取更大影响力的机会。

恋栈

我的老师奚恺元在《别做正常的傻瓜》里精彩地描述了"沉没成本谬误"。面对是否要冒暴风雪去看音乐会的难题，如果票是送的，人们通常不去；如果票是买的，人们通常会去。由于当初的投入，而不能做出理智正确的决定，这是亚理性的。

亚伦曾是我的同事，工作卓有成效的他，曾两次接到好的聘书而提出辞职，每次都被留下，理由之一就是"在这里付出了这么多，不舍得"。这么想没有错，但也要获得相应的对价，上司开出的空头支票日后不兑现时，亚伦却无可奈何。他最终下定决心为体现价值而离去时，我们都替他高兴。

守常

以色列经济学家阿扎尔研究扑点球，在《经济心理学》杂志上发表了论文。观点是"一个守门员呆在中路不动，扑住点球的概率为 33.3%，扑向左右两侧的概率分别减半"。有朋友在微信上引用该研究，证明"无为而治"是更可行的选择。这个结论本来很好，但用到职场上行不通，你可以不动，然而不仅射来的球会动，连带身后的球门也会动。

与其事情来了措手不及，不如主动求变。布赖恩是上海猎头界的后起之秀，他自立门户时，以原先的外资企业客户群为起点。但近几年经济形态的改变，促生他进军国内企业的决心。经过努力，他和合伙人在房地产和金融行业打开了缺口，生意做得风生水起。新服务所需的技能有相当不同，转型过程中，能重新定位、再度学习的人，跟上布赖恩的步伐，继续有出色的业绩，而其他人则慢慢掉队，终于被淘汰。

轻诺

中国人都好面子，轻易不肯拒绝。而对任何要求不加区分，都给予承诺，最后总有办不到的一天，就此失信于人。老子说"轻诺必寡信"就是这个意思。遗憾的是，热销的通俗管理书籍，通常都是塑造乃至强化"永远别说不"的迷思。

"武林外传"里的无双还记得吧？武功不赖，长相不错，尤其做事勤快，"放着！我来"是她的口头禅。但到了八十集的结尾，唯一未来没着落的人，也是她。乱答应事情，往往最后手忙脚乱，心烦意乱，工作走样。在老板眼里，以前多少干好的活，都无视了，只有搞砸的这一回，他记在心里。

讨嫌

英特尔公司提倡的文化里，有一条就是"*disagree but commit*"，意思是讨论时要知无不言，决定了要坚决执行，不能因为自己不同意而打折扣。阿里巴巴的价值观里也有类似一条，大致说"决策前积极发表建设性意见，决策后必须从言行上完全予以支持"。

在公司里想求表现，出人头地，都不是坏事，但千万不可过分。大局已定，还要千方百计传递自己声音，彰显智慧的人，就是讨嫌了。嗓门越大，越讨人嫌。明代散曲家冯惟敏写过"悔当时出尖，没来由讨嫌，急回首无瑕玷。"说的就是这类人。至今这个词还保留在重庆方言里。

卖老

汤显祖写"到是甲头老贼，推呆卖老不来。"其中的讥讽意味，清晰可见。公司里最不受人欢迎的，一定是那个倚老卖老的人，"当年我们可苦多了……"这样的话，人们避之不及。老板听你卖老，想到你如今贡献少少；同年听你卖老，庆幸自己职位爬得比你高；后辈听你卖老，骂你占位不走光添烦恼。

何况所谓当年的苦，一半是经济欠发达、缺少工具造成的，比如我刚工作时传真机是个稀罕物，要发传真给国外客户得总经理批准，如今沟通工具多到来不及用的年轻人听了故事会问，"什么是传真机？"还有不少苦，其实是自己工作方法不当造成的，剩下的才与努力有关。说真的，又不是元朝的青花，有什么好卖的？

抱屈

屈原其实姓芈，屈是他的氏，该字与冤屈暗合，难怪他命运多舛。到了五代，《梁史》里有"抱屈衔冤"的句子，让人读着都心里不好受。公司里也总是有人一副悲情面孔，大喊"这不公平！"遇上的事各样都有，升职没赶上啦，老板偏心其他部门啦。多数人都同意要公平，但对公平有不同定义。是结果的公平？还是过程的公平？人人都容易看到自己的努力，而忽略别人的勤劳，最后莫衷一是。

何况对所有人都公平的结果，本就不存在。所以关于公平的讨论往往无结果，也无意义。屈原投了汨罗江，冤情感动天下，于是有了端午节吃粽子的习俗，那是伟人才有的待遇。普通人的抱怨，事后烟消云散，全无痕迹。倒不如振作起来，用成绩说话。

佻达

老马的公众形象是可敬的资深工程专家。而在微信同学群里，他却开发出人格的新层面，网络新语用之自如，虚拟话题热议无妨，不再是老夫子，倒多了几分诙谐调皮、返老还童的精气神。返办公室，他恢复常态，做回那个学问过人的长者。其中的奥妙，全在掌握分寸。

《诗经》里有"挑兮達兮，在城闕兮。"后来转成"佻达"，是"轻薄放纵"的意思。所谓内外有别，所谓公私分明，都是说在职场要保持一定的姿态，不可像私人空间里那么放肆。这可能与"我就是我"的广告语有冲突，不过生涯是你的，凡客又不负责，还得自个好好珍惜。

英语沟通秘诀

　　要提高沟通能力，阅读名家著作是个好方法。古龙是我最爱的武侠小说作家，他的语言风格曾对我有很大影响。《大人物》又是我最爱的古龙作品。天下长得最像杨凡的人，就是杨凡自己——这个概念非常深邃，哲学家、整容医生和名人冒充者都会同意。吊诡的是，并非古龙，而是金庸，帮我得到了十七年前在上海的头一份工作。

　　而真正在外资企业工作后，与人沟通更成为一项无比关键的能力。掌握汉语和英语文字之外，最要紧是能读懂字里行间的微妙含义。时光荏苒，我渐渐修炼出让自己立于不败的语言利器，仍然借用古龙的小说名，就是接下来要谈的"七种武器"。

With all due respect

直译是"无意冒犯"。和上级经理或者资深人士讲话的时候，这句话能起到保护作用。它的意思有两个，一是我下来说的话可能会冒犯您，但我还是要说；二是由于我先打了埋伏，所以您不好意思跟我计较。比如

With all due respect, Boss, Connie has very limited experience and lower than average intelligence, so she is not the proper candidate for Marketing Manager, even though she is your niece.

这说的是，"老板，无意冒犯，康妮经验有限，智商低下，无法担任市场部经理，就算她是你侄女也不成。"注意，如果康妮不是老板的侄女，而是小三，千万不要这么说。

在印度出差，当地的首席财务官以他荷兰人特有的直率，和他高级副总裁的身份，对我所在业务部门提出尖锐的批评。在我的印度和新加坡同事惊讶和难以置信的目光注视下，我沉着地以这句话开头，为我们展开辩护。结果出人意料的好，荷兰人之后和我单独聊了十分钟，还建议我考虑调去印度工作。

如果忘了在发表意见前说这句话，还有个补救的办法，就是在说完后加上一句*"No offense"*，意境基本相同。按照社交礼仪，对方听到这句话，就算心里不情愿，也得回应*"None taken"*。不过这段对答多少有些陈腐老套，更容易出现在"唐顿庄园"里的阴森大宅，或者"广告狂人"里酒精充分供应的办公室，在当今，除非是"绯闻女孩"里的上东区富二代聚会上。

Been there, done that

直译是"去过那地方，做过那件事"，引申含义是"这些我都见识过了"，文艺点说是"曾经沧海"，通俗点说是"老子吃过的盐比你吃过的饭还多"。通常当下属或者同事——有时是过于嚣张的候选人——侃侃而谈，唾沫横飞时，这个短语可以有效地压倒对方气势，或者我母亲常说的，"一丈水退去

八尺"。比如：

Your proposal is outstanding, and similar to the one I did 3 years ago. Been there, done that.

这是在告诫对方，"你的提案再好，也是我三年前就做过的了，给我闪一边去。"

这个句子有时可以完全按字面意义来用。我朋友安婕拉最近加入一家中型公司，做人力资源总监。下属里有位女士，言必称她之前服务的公司体系多健全，实践多完善。巧合的是（对那位女士来说，不幸的是），安婕拉若干年前也在那里工作过，对情况一清二楚。她耐心听完对方讲话——换作我，可能没这个耐心——然后说"我也在那家公司干过"，于是她们间的人际动力学在*"been there"*之后，*"done that"*还没说出之前，已经发生了根本性变化。我无法确定，也无法否定，那位女士不久后的辞职与此有关。

Fine with me

直译是"我同意，我没问题"。但在企业中，很多时候它是用于反讽的，表达的意思正好相反，接近"我不爽但也不在乎""爱谁谁吧"，适用你不愿意接受别人的观点但又不想直接否定的场合，以主动的口气表达，具备阳奉阴违的美学。比如

David's decision will push extra work and cost to my department, which is fine with me.

配合上适当的语气和表情，所有人都会明白你说的其实是，"大卫的决定会让我的部门产生额外的工作和成本。我无所谓。"如果你的助理够醒目，会在这时播放杨坤的同名歌曲。而大卫，说不定会改主意。

必须指出，这句话要起作用，对方需要具备一定的情商，能听出你的弦外之音，所以要避免在工程师居多的技术或研发部门使用。同时，还要指望对方有改变主意的可能，碰上过于强硬的老板，或者特别喜欢占别人便宜的

同事，效果都要大打折扣。

There is a sliver of truth in it

直译是"此中有零星真相"，暗含的意思是对方的论点大部分都没用处。我很喜欢以这个句子，来安慰那些说了半天废话的人。比如

While Andy's comment is full of gibberish and mumble, there is a sliver of truth in it, that we all have to eat.

这里的意思是"虽然安迪说的都是些胡扯和嘟囔，令人费解，但有一点他说对了，人总要吃饭"。没有了安迪这样的人，会议可能会更高效，但一定会很无趣，我的优越感也会丧失殆尽。

当我还是某公司人力资源副总裁时，有个新加坡人 *Chong* 是业务发展副总裁，他脑筋脱线，经常词不达意，口不择言，不过他脾气很好，其他人怎么嘲弄他都不会生气。有次他又胡言乱语后，我及时指出 *Chong* 的话固然无稽，但 *"A sliver of truth in it"* 是有个称职的业务发展部门负责人太重要了。众人纷纷抚掌，连 *Chong* 自己也同意呢。

It's a no-brainer

直译是"不用想就知道"，引申含义是"这问题太简单了，连傻瓜都明白"。这句话的强大之处在于，你的论点无论正确与否，一下子变得有压倒性的说服力，因为反对你的人要冒着被当成傻瓜的风险。而企业里的任何人，都最怕做傻瓜，即使不少人其实就是。

使用得当，你可以轻松地在会议中推进自己的议程。比如

Shared service center should focus on the chain itself, instead of fixing on links in the chain. It's a no-brainer.

翻译成中文是"共享服务中心要关注链条本身，而不仅仅是链条的结点。傻瓜都看得出来。"不明白我的意思吗？没关系，我是瞎编的。重点是，谁

也不会发表不同意见，尤其那些确实没有商业常识的。毫无疑问，在观点里加入大量云山雾罩，晦涩难懂的词汇，会让 *no-brainer* 更无法抗拒。

I have a friend at the zoo

直译是"我有个朋友在动物园工作"，引申含义是"我的意见来自我的专业朋友"，这会让你的观点顿生一种权威性。在实际情况中，要根据具体话题，随机应变调整你朋友的工作地点。比如

The old strategy is not valid anymore because recent demographic development has already shifted the target client profile. I have a friend at the statistics bureau.

我向同事们指出，"旧的战略已经行不通了，因为最近的人口发展已经改变了目标客户的构成。我在统计局的朋友说的。"

用这句话时可以适度夸张，但不能太过分。被人揭露你的朋友不在统计局，而是水务局工作是很尴尬的，起码你得有个在计划生育委员会的。还有千万记得，说这话前要搞清楚其余在场人是否有比你更可靠的消息来源。如果有人配偶就在统计局工作，赶紧换个话题。

还可以用这句话来打断偏题的讨论。有一回我向管理团队汇报，人力资源团队通过在离职面谈中取得的信息，成功查获员工监守自盗的案件，就在大家纷纷了解详情时，前面提到的 *Chong* 又插嘴了，"那个提供证言的员工怎么样了？"我没好气地说，"我把他送去证人保护计划了，我有个朋友在联邦调查局。"

It is what it is

直译是"事情本来如此"，但在企业当中用，更多体现了"束手无策"的窘境，和"谋事在人，成事在天"的无助。比如

The client changed the deadline to today? Well, it is what it is.

这通抱怨是说，"客户把最后期限提前到今天了？该死，但也没办法。"

我们都听过老生常谈说企业中唯一不变的是变化本身，频繁的公司并购、部门重组、领导更替，都会让人筋疲力尽，这时候，也就只有说一句"*It is what it is*"的份了。

某公司在杭州开人力资源年会，当时正好是新人力资源模式历经两年成型，全国各地同事齐聚一堂。会议主题也很应景地列为"*One Company, One Team, One Direction*"，在场人未必都同意这个标题，但大局已定，*it is what it is.* 放到今天，这个名字就不合用了，除非主办者是英国男孩偶像团体"单向"（*One Direction*）的歌迷，打算邀请 *Niall*、*Zayn*、*Liam*、*Harry* 和 *Louis* 来现场演出。考虑到出席人力资源会议的已婚妇女居多，她们应该不会中意这样的正太组合。

等等，我刚查了脸书。"单向"的歌迷主体就是已婚妇女。我不明白为什么，不过

"*It is what it is.*"

大学里，我学俄语，把中学英语几乎忘光。

工作后，我学英语，把大学俄语忘个干净。

到底是我没用心学习。在上外学德语的晓东，在北大学韩语的邹飞，多少年没用，去了所在国浸淫片刻，照样沟通自如。这得有多高的天分，多大的努力，和多强的决心啊。

如今我算是懂一点点英语了，不免注意到它和汉语之间的细微差异，尤其是在成语和习惯用法方面。我借图来说几个体会，请方家指正。

汉语　　　　　　　　　　　　　　　**English**

王婆卖瓜

"王婆卖瓜"的意思很清楚，就是夸耀自己出售的产品。例句：

踏入万达文华酒店的观众，见到众多论坛的参展商在会议中心走廊里，拉开阵势，王婆卖瓜，你方唱罢我登场，好不热闹。

从童年起，我一直误以为，卖瓜的王婆，就是撮合西门庆找潘金莲的王婆。后来读了《咬文嚼字》才知道，七十年代伟大领袖在信里起用"王婆"之前，都是说"老王卖瓜"。疑惑来了，这个老王和隔壁偷窥的老王是否同一个呢？

同样的意思，在英语里的说法则成了"吹自己的号角"，由农贸市场的吆喝，变成了杂耍剧场的吹奏。这是农业文明与贸易文明的差异吗？

汉语

脸上贴金

依字面意义理解"脸上贴金"，是某种宗教献祭，或者新型美容术。作为形象的比喻说法，它与"王婆卖瓜"的含义接近，而程度更甚，暗地包涵"将他人成就据为己有"的意思。例句：

参展企业里有些带来了独特的解决方案，令观众耳目一新，大受启发，也有些只是一味蹭热词或打侵犯知识产权的擦边球，给自己公司脸上贴金。

相应的英语说法是"往自己帽子上插羽毛"。典故是猎人每次成功杀戮后，就从猎物身上拔下一根羽毛，插在头饰上以资纪念和彰显。从别人猎物上拔毛，获取虚假的荣耀，就是不折不扣"脸上贴金"了。

汉语

随波逐流

"随波逐流"形容没有坚定的立场，缺乏判断能力，只能随着别人走。例句：

创新公司的通病之一是随波逐流，缺少原创设计。兜行的联合创始人暨首席运营官郭嘉在演讲中痛斥这一现象。许多听众表示同意，同时指出兜行也有这个毛病。

说良心话，普通人要是掉在水里，不顺着水流游，还能怎样？游泳健将是少数，独立见解也是少数。英语里说"跳上乐队花车"，应该是搭时髦载体便车的意思。一个是水路交通，一个是陆路游行，这又是什么道理？

汉语   English

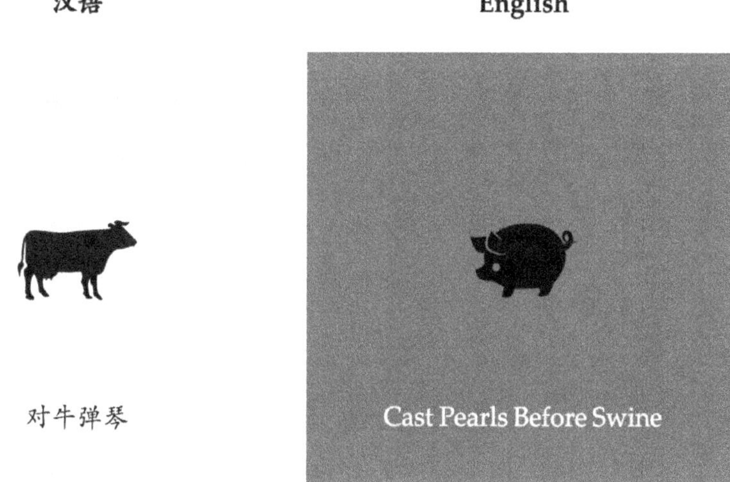

对牛弹琴

"对牛弹琴"的说法历史悠久，东汉就有了，如今用来形容对不明事理的人讲高深道理。例句：

为了增强与听众的共鸣，郭嘉将学习过程比喻成打游戏，可惜面对台下的大龄人群，效果不彰。甚至他举出自认为人尽皆知的"仙剑奇侠传"，仍然是对牛弹琴。

牛有何辜，公明仪的《清角》再动听，又怎么比得过眼前的青草？动物本性使然。英语里弃草食类而用杂食类，说"给猪展示珍珠"，倒是很接近汉语"明珠暗投"的字面。同样是讲审美观，两者间的微妙差别在于，"对牛弹琴"是明知选错对象还硬上，责任在弹琴者身上；"明珠暗投"是遇上对象都不识货，责任更多在路人身上。

汉语

铁杵成针

English

"铁杵成针"的故事通常搁在李白身上，不过我深深怀疑，以他的天纵奇才，是否适合作为坚持不懈精神的代言人。例句：

面对如此困境，郭嘉没有放弃，终于以铁杵成针的劲头，打动了部分听众。现场的有识之士纷纷说，有这样的执着，何愁创业不成。兜行，有戏！

话说回来，把铁棒磨成绣花针，是不切实际的意象，倒是很符合李白的浪漫主义仙风，跟意思相近的"水滴石穿"一样，超过了普通人的想象范畴。英语里的说法就现实多了，"不断敲击直到大橡树倒下"最多也就是几天的工夫。说这话的本杰明富兰克林是横跨多学科、掌握多门外语的伟人，难怪了。很想知道，他是怎么学外语的。

不妨读点心理学

假想以心理医生为志向，还需谨慎为上。瑜伽教练身体通常很柔韧，数学老师计算通常很过硬，但心理医生心理却未必健康。这似乎也适用于各科医生，除了牙医。为什么？在压力和上海可堪比拟的纽约，九个人里就有一位长期接受心理治疗，这一点不出奇。但是，每五个心理医生就有一位长期接受心理治疗，有没有吓到你？

不相信的话，可以去看 *1995* 年美国影片 *Prime*。乌玛·瑟曼（*Uma Thurman*）扮演离异妇女，为了与小自己十来岁的男生交往烦恼，而求助梅丽尔·斯特里普（*Meryl Streep*）扮演的心理医生。医生鼓励病人勇敢追爱，却意外发觉男友是自己的儿子。出于职业道德，她只能一边强吞难堪聆听病人，一边自己找心理医生倾诉。我作为观众，观后也有轻度不适感。

普通人读点心理学有益增广见闻，固然有少量例外情形。高智商友人小奕报考心理咨询师认证，开课当天老师询问大家参训的理由。小奕为了提升人力资源专业能力，有人为了将来做亲子教练。有人自称得抑郁症几年了，一直服用药物但不能根治，遂决心通过学习做自我治疗。老师沉吟了一分钟，缓缓说道，"你最好还是继续吃药。"

心理学给了我透视镜，来识别身边人的古怪行为。前女同事 *LS* 常常用各种方式展现自己和境外男同事 *LBS* 关系密切，但 *LBS* 强烈否认并表示不胜其扰。乍一看似乎是恋人间纠缠，抑或跨时空表错情。运用新鲜掌握的心理学来观察，我担忧地发现，*LS* 似乎有幸福妄想症，即无根据地认为别人对自己特别好，宠爱有加。我妈妈这样的老人家会说这是"花痴"，我必须指出那是用各种滤镜自拍的女青年和粉色系男子。

诊断不等于治疗，在现行律条和风俗下，站在人力资源的立场，我无法采取任何行动，只能安慰被邮件轰炸到头昏的 *LBS* 洁身自保。*LS* 是在下一家企业出事的，受到亲人去世刺激，她精神崩溃进了医院。消息传出后，历史掌故一一浮现，我陆续收到几个男同事反映和 *LBS* 同样的遭遇。这下轮到 *LBS* 失落了，"原来我不是唯一……"

在同仁饭局分享这个案例后，人力资源老前辈 *Johnny* 长吁一声，他也遇到过同样症状的下属，同样被搞得焦头烂额。为了彻底解决此事，*Johnny* 同样认真学习了心理学。

心理学也给了我手电筒，来照亮自己心底的深井。不用害怕，是人就会有些心理问题，承认其存在是适应的第一步，而直面内心阴暗需要勇气。人的潜意识里很多念头并非出自善意。一种是损人利己，例如有人离开酒店前设个半夜的闹钟给下一位住客"惊喜"，一位澳大利亚同事就遇上过。一种是幸灾乐祸，例如当你看见有人捂着肚子跑向厕所时，你希望厕所门是开着，还是锁上了？从心底给答案，不要假装好人。

我最诚实的答案是，"我希望门是开着的。"

我希望他进去厕所，拉完肚子后才发现，没纸了！

目前对我疗效最好的是写作治疗，即写出心中的情感与反省，以输出为导向的心理治疗。现在你知道我为什么写了五年的专栏了吧。

一说起心理学家，普通人脑海中涌现的往往是希区柯克电影《爱德华大夫》的画面：病人躺沙发上诉说梦境，医生仔细聆听做笔记。事实上心理学家不等于心理医生，通常也没有格里高利·派克那么帅，大部分时间都花在各种实验上。我最向往的哺乳动物是猫，就先介绍一个与猫有关的心理实验吧。

爱德华·桑代克（*Edward Thomdike*）是美国人，天赋极高而生性腼腆，读哈佛大学研究生时追求一位姑娘，结果就像网络语言说的"十动然拒"。毕竟是学霸，悲愤下他转往哥伦比亚大学，以研究动物智慧获得了博士学位。

桑代克最初的实验对象是鸡仔，但房东太太偏偏极为讨厌小动物，幸好他的导师詹姆斯教授出手相助，提供了自己家的地下室。到了哥伦比亚大学后，桑代克改用智力更高的猫。

他在一幢旧楼里，用水果箱和蔬菜箱搭建十五个式样不同的迷宫，观察猫怎样逃脱。有些很简单，猫儿只要踩踏板、揿按钮或者拉绳子就可以逃脱。有些很复杂，猫需要做多重动作，先拉绳子然后移动棍子等等，才能逃脱。根据对猫的研究，桑代克提出了"联结"、"迁移"等概念，对发展心理学影响深远。他描述的猫的学习过程，其实也可以映射到人的身上。

猫儿学会逃跑是通过"试误"过程，即逐渐排除无用动作，而不是推理或洞察力。人类在学习时，无论是学外语、弹钢琴还是写书法，同样都采用这个方法，在尝试中不断减少错误而进步。更容易理解的例子是：孩子要扔掉许多种玩具后才找到自己最合意的游戏，男人要喝过许多牌子的啤酒才找到自己最合意的口味，而女人试穿过百货公司里的所有衣服后仍然找不到自己最合意的穿着。

让猫儿观察有经验的猫如何逃脱，或者人抓着猫爪来开箱子，猫反而什么也学不会。人类要实现真正的学习，同样必须反复动手动脚操练，尤其是在技能学习上。更容易理解的例子是：观看奥运比赛学不会游泳，坐在副驾驶位置学不会开车，而追看偶像剧也无助于掌握恋爱要诀，倒是能学会面瘫式表演。

逃脱只要一种动作时，所有猫都能学会，但需要两种以上动作时，半数以上的猫怎么也学不会。人类学习时也有这个现象，简单概念都能掌握，复杂课题几乎总有一半人"怎么也学不会"。更容易理解的例子是：文科生怎么也不能理解，好好的公式摆在那里，干嘛要去求导数；理科生怎么也不能理解，《廊桥遗梦》的老男人和老女人明明对上眼了，干嘛要兜圈子调情。

看不出猫和人学习过程其中关联的，显然属于"怎么也学不会"的那一半人。

让所有科学宅男欢欣鼓舞的幸运结局来了！姑娘回心转意，还是嫁给了桑代克，故此我老是把她想象成新垣结衣的样貌。有个学生接手了他的实验室，改为观察老鼠怎么走迷宫。有只聪明的老鼠逃出生天，并以亲身经历写了一本畅销书，名叫《谁动了我的奶酪》[1]。

---

1. 最后这句是玩笑，特地注明，免得"怎么也看不懂"的那一半人误解。

　　中学生物课里就讲过条件反射，我至今记忆犹新的，莫过于巴甫洛夫的狗。犬科动物嘴边的哈喇子，将"刺激 - 反应"原理深深镌刻在我脑海里。敲铃铛让狗流口水的实验，如果复制在人身上，会有什么结果？书本上没提供答案，后来才知道，有个美国人就这么做了。

　　约翰华生（*John Watson*）与大侦探福尔摩斯的助手同名，注定非等闲之辈。他曾向实用主义大师杜威学习哲学，但坦承什么都没听懂。他转行研究心理学成就卓然，当上约翰·霍普金斯大学系主任时才三十岁。

　　华生找来十一个月大的婴儿阿尔伯特，将白鼠放他面前，等他伸手去抓时，就敲铁棒，把婴儿吓得不轻。重复五六次后，即使没有铁棒声音，阿尔伯特见到白鼠也会哭。后来这种恐惧泛化到有皮毛的对象，如兔子、皮衣、棉花，甚至白胡子的圣诞老人身上。

　　这类实验显然不符合今日的公序良俗，之后就很少出现了。华生本来打算重建条件反射消除阿尔伯特的恐惧，但他和现任女学生搞暧昧，被前任女学生兼现任太太发现，闹出桃色事件遭开除，不得已半途而废。

　　远离了学术圈，华生仍然怀念实验室的日子，于是他在自己、妻子和孩子身上做实验。他用条件作用原理训练儿子比利大便，结果导致孩子患上了便秘。活在今天，华生绝对可以自豪地说：论下狠心做实验，我不是针对谁。

　　华生成了网络语言说的"极品渣男"，在学术圈身败名裂，只好接受智威汤逊广告公司邀请担任心理学顾问，成了广告心理学的鼻祖，对营销行业贡献更是良多，最显著的有以下几条：

　　华生通过研究发现，品牌隐去的情形下，人们很难辨别出不同产品间的差异。他得出结论，消费者购买的是与产品相关的气氛、感觉乃至联想，这就是"品牌忠诚"的概念。改革开放后，众多国际消费品牌进入中国市场，无不以此为内核来做推广。洗发水不只是用来洗，还代表了"自信"；保健品不只用来喝，还代表了"孝顺"；包包不只用来搁物品，还代表了"华贵"。幸好我上过中欧商学院施密特教授的市场营销课，才没被感性联结所哄骗。

华生经过实地考察，建议超市把咖啡放在收银柜台旁，顾客结账时看到了会激起消费欲望而购买，这就是"冲动消费"。互联网企业都很清楚，顾客"手欠"才是他们的最大商机，利用起来更是不留余地，从早期的弹窗广告，到推送折扣券和大礼包，再到一键消费的便利性。幸好我听过内行人的私相传授，才没懵里懵懂踩上去。

华生给销售人员的建议是，不要试图劝说客户接受产品，而要与其友好相处，引导消费决策。保险公司对此了然于胸，从业人员总是以"不推销，就是交朋友"作为开场白。销售培训里常常提到，模仿客户的肢体语言，能有效拉近两者关系而促成生意。在微信里卖面膜的小网红们，则通过不断张贴深度美颜的图片来诱惑顾客。幸好我曾在安利工作过了解内情，才没轻易被人安利。

有家美国公司把华生的理论发扬光大，成功说服几乎从不运动的人们，买了球鞋就能拥有健康、自由和活力，广告语也特别用心刺激冲动购买：*Just Do It*！消费者最终形成了高强度条件反射，看见新一代鞋品推出就要买，拦都拦不住。

听到华生以婴儿为实验对象，普通人的想法是"这想法相当变态"，其余心理学家的想法是"这想法相当变态，但有点……小儿科了，不如放成年人身上试试。"耶鲁大学的斯坦利米尔格拉姆（*Stanley Milgram*）不但这么想了，还动手做了。

米尔格拉姆于*1963*年在名字相当变态的《变态心理学》杂志提出实验设想，测试在面对权威者下达违背良心的命令时，人性所能发挥的拒绝力量到底有多少。

实验以研究"体罚对于学习行为的效用"的名义展开，参与者扮演老师，隔壁房间的学生事实上是由实验人员假冒的。老师掌握控制器，能使学生受到电击。老师开始考试，如果学生答错了，就施以电击，电压从*45*伏特起跳，随着错误增多而提高。当参与者犹豫想放弃时，主持人会坚持让他继续。

实验前，米尔格拉姆的同事们认为只有十分之一甚至百分之一的人，会狠下心来继续惩罚直到最大电压。结果第一次实验中，*65%*的参与者都达到了最大的*450*伏特惩罚，多次重复实验，这个比例约在*61%*至*66%*之间。通常的解释是，成年人对于权力者有极大的服从意愿，会做出几乎任何尺度的行为。这种局面，用网络语言说，真是"细思极恐"。

*2010*年法国电视节目"*Le Jeu de la mort*"召募了*80*名自愿者重做米尔格拉姆实验，其中只有*16*人在游戏中途退出。由此看来，米尔格拉姆实验虽受到科学伦理方面的质疑，但对揭示"服从的危险"有显著的作用，且仍具有相当的现实意义。向后看去，将其精髓真正运用得当的，还得算是中国电视节目制作人，具体来说是以下几个方面：

"从众"是观众选择节目时的普遍心理现象，只有很少的人保持了独立审美观点。独立固然代表了自由，但也意味着生命中不再有可以依靠的支点。节目要红不容易，但红了之后看的人会更多。而越小众、越冷门的节目，就越不会有人看。就连朱军也知道，虽然观众们早就厌烦了在春节联欢晚会上见到他，但要是不看的话，过完年遇上同事们、街坊们就没有了谈资。

　　"盲从"是指观众对权威的服从是油然而生、不加分辨的，很少去质疑其权威的来源是否合法。按照权威的指令行事，既有安全和省心的保障性，又有赞许和表扬的可能性。就连杜海涛都知道，无论他样子看起来（或者实际上）有多愚蠢，游戏设计多无聊，指导语多可笑，只要端好综艺主持人的架子，现场观众都会热心地跟着参与、鼓掌、欢呼。

　　当自身不用付出代价时，观众们是非常乐于将惩罚施加给别人的。他人遭难间接地增强了本人的优越感，而旁观者身份则减去了道德责任。综艺节目最受欢迎的环节是嘉宾闯关失败后接受"虐待"，只要有人起哄绝不会停下来。就连薛之谦都知道，常态手段如泼面粉、浇冷水、挠脚心等都用过后，就轮到他出场讲冷笑话作为最强终极惩罚了。

　　要是代价落在自己身上，情形就完全不同了。最有说服力的例子，应当是2008年春节期间，民族品牌恒源祥推出了从"鼠鼠鼠"到"猪猪猪"不断重复的经典十二生肖广告，引发观众们怀疑"电视机卡壳"或者"电脑中病毒"，最后"难受到想撞墙"。这么看来，服从毕竟也是有极限的。

巴黎。

十八年前我去过，那时还通用法郎。

常规景点诸如卢浮埃菲尔香榭丽舍老佛爷，我和伙伴们都去了。老实说，印象不及雨天里坐在街边喝咖啡来得深刻。当时我自忖，或许是脑海中画面太过好看，身临其境时反而产生深深失落。

读了心理学之后，才明白这种情绪非我独有，比之更甚者大有人在。2004年，法国精神病学杂志 *Nervure* 上有论文特别命名了"巴黎症候群"，专用来形容日本人在法国巴黎工作或度假时发生的精神紊乱。作者分析该现象可能是由多种原因而产生，例如语言障碍，文化差异，理想化想象和身体疲惫。

新近转换工作的职场人不免有这种体验：入职前见到的，是公司代言人精心打造的企业形象，是招聘人员求贤若渴的热忱沟通，是面试官循循善诱的恳切姿态。入职后见到的，真实却与前者差异较大，难以达成和谐，终致失调，类似"巴黎症候群"的幻灭感普遍存在。

作为新员工，过于紧密的工作日程及未能及时适应学习节奏，会令人心理不稳定。每家企业内独特的行话术语，常常以缩写字母出现，不长期浸淫其中无从了解其涵义，对新来者则是压倒性的头晕目眩。

企业之间文化差异很大，人际互动、沟通习惯乃至会议规则都大相径庭。习惯发邮件而便于存档的人，要接受老板用微信语音发指示，不是那么容易转换的。习惯直截了当说事的人，来到讲究婉转甚至闪躲的沟通环境，也会遭受巨大的文化冲击。

要避免各种不适应，唯有放低身段，细心观察，敏捷学习，方能立于不败之地。正如敢于接触和交流，努力融入当地人生活，才是体验巴黎的最佳方式。

斯德哥尔摩。

五年前我去过，那时是夏至前后。

该城号称"北方威尼斯"，而我的家乡号称"东方威尼斯"，故此别有一种亲切。曾在此求学的庆海形容是"静谧、安宁"，现在此居住的刘能评价是"大气、悠闲"，两位说得都很贴切，我深以为然。这里冬季漫长，整日不见阳光，很多人因此抑郁。不过心理学上"斯德哥尔摩症候群"另有所指。

1973年8月23日，两名歹徒抢劫斯德哥尔摩一家银行，并挟持了四名职员，与警察僵持了一百多个小时后投降。事件发生后，四名人质因为受到歹徒多方照顾而感激，显露出怜悯情感，对警察反而采取敌对态度。研究者发现，对施害者产生情绪依附的例子见诸于各种情况，从战争、集中营到性侵犯的受害者，都可能发生。

言情剧里常出现虐恋情节，女孩子提出分手后，渣男表示痛改前非，之后很快故态复萌，女孩子这回却泰然接受。这也是"斯德哥尔摩症候群"作怪。在职场环境中，这个词被借来形容，那些在未必有利的环境中呆久了而将其合理化的员工，他们觉得情况并不糟，可以接受，即使出现好机会也不愿意去追求。

若干年前有位女士通过测评，签了聘书后又要爽约，原因是"老板说我不能辜负公司的培养，我对同事们有感情，也舍不得手上的项目。"即使我内心替她担忧，也只好尊重她决定，再留句客气话"以后有机会联系。"

过了六个月她真给我来电话了。原来项目结束，老板说"反正你也想走，这次劳动合同到期就别续约了。"她真诚地问我"上次的机会还在吗？"这下我确定了，一则她不幸是"斯德哥尔摩症候群"重度患者，二来她已被渣男老板抛弃。我爱莫能助，毕竟企业招聘不是网络游戏，没有"满血复活"的设定。

一个巴掌拍不响，造成这种情况，老板有不可推卸的责任。坏老板一向从自己角度考虑问题，强加自己的意志于人，并冠以"献身事业"等冠冕堂皇的口号，行径有时比绑架者还要恶劣。公众号上流传一个故事，华为有副总裁以身体健康原因提出辞职，任正非却不予批准，当他提出家庭原因时，任正非却说"这样的老婆你要她干什么。"

如果老板们看到之后，有所警醒开始关心员工福祉，未尝不是好事。怕只怕他们受到启发，有样学样，那"斯德哥尔摩症候群"受害者又要增加了。

色盲音盲以及其他缺陷

木鱼是我的好朋友，从初中起就是同学。他书读得好，球打得好，人长得帅，脱去了青春期男生的青涩，后来我才知道这叫"裴勇俊"。几近完美的人也有缺陷，这是另一好朋友浩波发现的。他在木鱼家聊到夜深，离开时木鱼特地提醒，楼道铁门上着锁，要按绿色按钮才能开。浩波下楼找半天，只看到一个红色按钮。

真相暴露了，木鱼是色盲，用学名说就是"色觉辨认障碍"，即无法正确感知部分或全部颜色间区别的缺陷。通常色盲发生的原因与遗传有关。木鱼能看到多种颜色，但是会混淆识别某些颜色，尤其是红色与绿色，据研究像他这样的情况占全球男性人口约 *8%*。高中文科班里除了木鱼，我的同学晓路和老于也是红绿色盲，可见此统计不虚。

葡萄牙公益组织创立了 *ColorADD* 设计标准，帮助色盲者用图像去识别颜色。其实和人们想象不同，色盲的生活并没受多大干扰。木鱼拥有驾驶执照很多年，对交通信号灯有独到的分辨办法。和木鱼一样当过班长的老马甚至考进了大学土木系，如今是生态景观设计师。要不是他选用日系小女生大爱的粉红色高尔夫球袋，我永远都猜不出来他是红绿色盲。

在特定情形下，色盲者相比于正常辨色力者更有优势。研究指出，色盲者在光线较弱时视力较强，并且更擅长识别特定颜色的伪装。色盲者无法被色彩表象所误导，反而更能抓住色彩实质。在某些社会课题上，我们或许需要某种形式的"色盲"。

基于肤色等特征而对别人蔑视、讨厌及排斥，并在言论行为上表现出来，这是歧视，是历史悠久却难以根除的陋习。反歧视者常说的"*I Don't See Color*"在本质上也是提倡"色盲"，但说起来容易做起来难。前不久多芬沐浴露广告里把黑人女性浣洗成白人，以及更早前国产洗衣液的广告把黑人小哥浣洗成亚裔，都是很典型的歧视黑人。

听到一件真事。某中国女士希望女儿高考报财经系会计，女孩子自己想读外语系小语种，为此母女争吵不休。有人问她为何反对女儿的想法，她笃定自信地回答，"要是她将来带了个黑人男朋友回家，我可怎么办啊？"

就算她是开玩笑，这种说法也不值得提倡。如果她是说真心话，那反映的问题更严重，让我分层次来剖析下。

首先是"缺少常识"，小语种和黑人不能划等号。美国和英国黑人人口众多，他们都说英语，这根本不是小语种。俄语确是小语种，说俄语的俄罗斯人不但是白人，还非常白呢。

其次是"不合逻辑"，同窗经历既不是恋爱关系的充分条件，也不是必要条件。认为学小语种就会爱上黑人，就跟认为去混合游泳池就会怀孕一样荒谬。

最后是"种族歧视"，女儿交黑人男友有什么问题呢？如果女儿交白人男友就可以接受吗？如果女儿交白人女友呢？如果女儿交华人女友呢？不该让女儿自己做主吗？这么干涉女儿就会接受吗？

说实在的，短短一句话有这么多缺陷，而"种族歧视"居然还并非其中最严重的，某女士的水平也真不一般。有位朋友是位中年白人，来自国民"政治正确性"很高的澳大利亚。他对此的评论很有启发性，"亦立，你没有孩子所以不能明白做父母的心理。要是我女儿带个黑人男友回来，我也会一时接受不了，因为这跟我当初的期望完全不同。"

"那你的期望是怎样呢？"

"我一直想象，女儿会嫁给一个事业成功很有钱的——中国商人。"

浩波敏锐地指出，某中国女士可能和澳大利亚先生想法相同，她也一直希望女儿嫁给一个事业成功很有钱的——中国商人。

友人聚会总是在练歌厅达到高潮。浩波用足感情演唱完，神色紧张地盯着屏幕。令他失望的是，电脑系统给的评分依旧低于六十。"机器有问题，你唱得这么好听，怎么会不及格。"打圆场的女同学，开口总是跟原唱似的。我安慰浩波，则是同病相怜者的互相取暖。好在老友是个开朗的人，自我解嘲说"没办法，当年邢老师就说了，我是音盲！"

邢老师是女高音，印尼归侨，中学时教我音乐。我有表演欲望，不会怯场，上课唱歌是件乐事，最怕听音练习。邢老师在钢琴上弹一个标准音 C，然后再弹另一个音，让我说听到哪个音。除非是偷看到了琴键位置，否则我只能如实说，"我听到了'当'的一声"，接着被老师的鄙视灼伤"原来你也是个音盲！"

其实邢老师的说法并不确切。我唱歌时音调不准、节奏不对、呼吸不当，只能说是"音感差"而已。唱歌不止看音准，否则李宇春和曾轶可怎会在歌坛收获粉丝呢？毕竟大多数听众并不具备"绝对音高"，未必总能听出跑调的地方，听见了也可能有意忽略。唱得动听还要兼顾音色、感情和表现力，浩波在这些方面都有自信，所以遭到电脑系统纯技术否定时，沮丧感自然也更强烈。

真正的"音盲"是无法分辨旋律，从音乐中获得乐趣的人。我质疑这个命名，"盲"是指视觉障碍，故此用"色盲"形容不辨色，用"文盲"形容不识字。但听觉障碍应该说"聋"，所以合理的名称应当是"音聋"，就像英语里用的是"*tone deaf*"。

"*Tone deaf*"在口语中，很少是取音乐学的本义，而是用到它的引申含义，即"不关注他人感受，缺乏同情心，情商偏低"。晋惠帝说"百姓无粟米充饥，何不食肉糜"，就是出名的"*tone deaf*"案例。不过这位皇帝智商本来就低，情商归零讨人厌一点不奇怪。美剧"生活大爆炸"的谢尔顿说明，智商高情商低，其实相当可爱。英剧"歇洛克"里的福尔摩斯说明，智商高情商低还长得帅，就彻底迷死人了。

沟通里的"情商"和沟通者的文化背景高度相关。根据社会学家研究，西方人沟通是低语境（*low context*），人们常常直白表露自己的意思，不拐弯抹角。东方人沟通是高语境（*high context*），人们从小则被教育说话要婉转，不能太过直接。

汉语沟通的最高境界是"尽在不言中"，常常谈到"话外之音""弦外之意"，是说不但要注意别人说什么，还要注意没有说什么。这就像爵士乐欣赏者常常标榜的"没弹的音才更重要"。能从字里行间体会微妙含义，就是修行到位了，上海人会称赞为"接翎子"。英语里也有"*read between lines*"的说法。

高语境沟通也有可能造成失调。*1997*年大韩航空的副机长和飞行工程师发现航向有问题，但碍于韩国森严的等级文化不能直说，只好婉转地提醒机上安装了新导航系统，但机长没有予以理会。结果飞机在关岛撞山坠毁，酿成严重事故。

沟通双方文化背景相同或相近时，好比大家在唱一个音调，容易形成和谐。背景差异大时，大家不在一个调上，容易造成"*tone deaf*"，台湾地区人士常说的"跳*tone*"就是这个意思。粤语方言更为形象，以"鸡同鸭讲"来表达，真是神来之笔。

中国人在会议里发问"大家有什么想法"，通常是为了求证自己脑子里的成型想法。被问到的中国人会提供些模棱两可的意见，等领导拍板，而美国人直抒胸臆，可能会让讨论陷入困境。

美国人在会议里发问"大家有什么想法"，搞不好脑子里真的空空如也。被问到的美国人坦诚发言，会激发彼此思维形成热烈讨论，而中国人习惯闪烁其词，可能造成停滞不前的局面。

到上海在外资企业工作多年，我对中华和西洋音调都熟悉了，终于摆脱了"*tone deaf*"。我唱歌仍然常常跑调，好在朋友们都极其理解和包容。对我的启发是，做人有时不妨表现得情商低些，就不用委屈自己理会周围那帮二货了。

1874 年，费城人约翰·沃纳梅克首开先河，买下报纸版面登广告，而不是将其发在分类栏。事后他自嘲说，"我知道广告费有一半浪费了，但是我不知道是哪一半。"此话成为广告圈名言。

资深广告人东尼指出，今天人们很少读报纸，所以严格来说，投放在报纸的广告费几乎全被浪费了。互联网时代最热门的是"基于大数据的精准广告投放"。当初微软的 *Surface 2* 平板电脑上市时，网店运营商借用数据深度分析做定向推广，首日卖出四千台，就是一个经典的例子。

很遗憾，精准仍是个别而非普遍情形。我抱怨广告文不对题之后，忍不住思考这是为什么。推广者肯定有不足之处，无论是数据分析运用，还是关键信息设计，或是目标人群锁定。但另一面，我作为消费者，没有充分、全面、坦诚地呈现自己，造成广告商抓取的数据有缺陷，同样负有不可推卸的责任。既然在互联时代，保护个人隐私已经根本不可能，何不在泄露中获取利益，哪怕只是些相关度更高的广告？

亚马逊给我推荐的书单，要比豆瓣给我推荐的，更为符合我的口味。这跟两者的算法有关，但起决定性作用的，无疑是我留给它们的信息，即作为豆瓣读者的读书记录，和作为亚马逊顾客的购书记录。这里的差别在于，作为读者我可能会出于虚荣心，而勾选些"应当"读但实际没碰过的书，比如《战争与和平》，但作为顾客我不会去花这个冤枉钱。坦诚是硬道理，坦诚者才配得上好推荐。

我时不时会收到新车型的广告。这不能怪人家，以企业管理的身份需求，以常常旅行的兴趣爱好，我符合普通购车者的速写。但我没想过买车，也从来没有驾驶执照。有意思的是，这并不妨碍我在新西兰和巴丹吉林沙漠参加过两次自驾旅行，还上了电台车友节目分享经历。

为了确保所有的潜在商家都能获取这条重要信息，让我用一个故事来说明。五月间应邀参加某社交活跃人士的生日宴会，各界朋友坐满一桌后才发现主人迟到了。大家互相不熟悉，只好东西南北瞎聊。不知不觉聊到停车位，渐渐成了某种潜在比较，比如说"我的日本车正好能停进去"就不如说"我的美国车太大，停车累死我了"得意，当然更豪气的是说"这种事都是我司机去搞，我才不管呢"。而我很诚实地说"好停啊，我骑共享单车来，哪里都可以停"。举座噤声，猜不透我这么落魄的人是怎么混进饭局的。

不单是他们，我也不明白。

我也常常收到关于孩子的的广告，内容包罗万象，从奶粉到童装，从学前启蒙到海外游学。这不能怪人家，按已过不惑的年纪，按中产的经济能力，我符合爱心爸爸的速写。但我没有孩子，也没打算要孩子。我过着自由自在的日子，干嘛要让一个小把戏把这一切都毁了呢？

为了确保所有的潜在商家都能获取这条重要信息，让我用一个故事来说明。四月间参加公益活动时和另一位志愿者聊天，发现她是"教练中的战斗机"即亲子教练。我表达自己不要孩子后，她立即问"为什么不要孩子？你在害怕什么，又在逃避什么？"换了普通人，可能会被她的半吊子弗洛伊德心理分析吓倒，而陷入对原生家庭的自我剖析和批判。幸好我见识丰富，立即反问她，"那你为什么要孩子？你在害怕什么，又在逃避什么？"她当下噤声，猜不透我这么直白的人是怎么干人力资源的。

不单是她，我也不明白。

王牌新人

渐入

01 内景　猎头公司办公室

胖猎头

做我们这一行，永远不缺开眼界的机会。你瞧，找个总裁秘书，要求"女性，身高一六二以上，年龄三十以下，属蛇属猴除外，六大名校之一毕业，籍贯江浙沪"，这是挑秘书还是挑老婆啊？

瘦猎头

在包邮区找，怕是两者兼顾吧。要求苛刻没关系，只要癞蛤蟆肯出钱，别说白天鹅，就算要丹顶鹤，也有偷猎的机会。对了，你最近跟的那一单有苗头吗？

胖猎头

目前有两个人，但感觉把握不够大。我其实想到一个，不过那个玩意儿……客户怕是不好接受。

瘦猎头

等等，你该不会是想……噢，要了命了！

胖猎头

实在没着落，只能先顶上充个数了。

瘦猎头

我有种预感，六月里怕是要下雪。

02　内景　　集团人力资源部

人事总监

从猎头那儿来的几个候选人，你是怎么考虑的？

招聘经理

业务副总鲍勃看重业务能力，估计会喜欢够资深又够经验的吴自强。运营副总罗伯看重管理水平，应当会喜欢情商高人脉广的林有德。董事长会喜欢哪个……就不好说了。

人事总监

我也摸不透他想法，除非看见他当天穿的袜子颜色。还有呢？

招聘经理

你说那谁谁？猎头推荐过来简直是……回头我要打电话去骂他们两句。

人事总监

我倒觉得，应该推荐上去，要当作首选多多美言几句。

招聘经理

你不是当真吧！？

人事总监

像你这样光埋头做事，不察言观色做人，一辈子也就能混个招聘经理。既然看出来鲍勃和罗伯肯定对着干，我们何必夹在中间受气？推个其他候选人正好置身事外。

招聘经理

但是那个玩意儿实在……会不会让人觉得我们人事部都是废物？

人事总监

你看你，又犯了想太多的老毛病。在业务部门的心里，人事部从来都是废物。再说了，障碍物会被人一脚踹开，而当废物永远有生存空间。

招聘经理

你说得挺在理，但我怎么还是心里没底。

人事总监

把心搁踏实吧，别人和你看的不是一回事。

03　外景　　咖啡館外的人行道上

集团市场总监取了咖啡，边走边打电话

市场总监

HR 那个老滑头，*Sales* 招人却非要让我参与 *interview*，诚心挖坑给我跳。我翻一下 *CV* 就明白了，姓吴的跟 *Bob* 一路，都从 *DP* 公司里出来的；姓林的既是北京人又清华毕业，肯定对上 *Rob* 的眼。我要实话实说，不管偏向谁都得罪人。所以我就推荐第三个人，反正回头是董事长 *make the call*。怎么，你也见过了？哈哈，*can you believe it?* 那个玩意儿……真要招进来了绝对是个大笑话。迟早有人要忍不住 *say something* 吧？

04　內景　　集团大楼报告厅

全体员工正在听董事长讲话

董事长

……今天我还要宣布一个重要事项。公司一直花大力气招揽人才，这个大家是晓得的。管理班子在人才评价上通常有些意见分歧，这个也很正常的。

让我欣慰的是，有一位候选人，人事总监、市场总监等是一致看好，鲍总和罗总也完全认可，所以大家很快达成了一致。让我们欢迎新任的区域总监！

新任区域总监起身向大家致意。员工们开始有礼貌地鼓掌，他们都注意到了那个玩意儿，但谁也不吭声。直到有个实习生忍不住了。

实习生

可是，可是你们真的都没看到吗？

众人投去严厉目光，沉默笼住一切。

淡出

三人行

这个故事由招聘开始，但不是你想象的招聘故事。

这个故事和爱情有关，但不是你想象的爱情故事。

安珀

有烦恼了，我就去找裘落木。他活泼机智，热心助人，还是我招聘进公司的第一个人，有特别的交情。他什么都好，就是没个正形，都做了主管，也不改改。

裘落木

"又来找我了？女人呐，永远忘不掉自己的第一个。"我不放过任何调侃安珀的机会，因为我特别爱开玩笑。

安珀

听我讲完职位的要求，裘落木想了一下说"真巧，我有个好哥们刚来本市不久，专业和经历倒是合适，我回头跟他说说。"我高兴极了，让他务必下力气，不成不许来见我。

裘落木

我和马堃交情长得很，中学时就是一起踢球的好朋友，大学时又是同宿舍的好兄弟。这个面子，他肯定得给我。

馬堃

本来我对这个机会没什么兴趣，不过好兄弟裘落木说得那么诚恳，就给他面子吧，去谈谈也没坏处。

安珀

第一眼就觉得人品上乘。马堃学历经验都合适，但像他那样的优质人才，能看上我们这样的创业公司吗？

我跟裘落木说起我的担心，他拍胸脯说，一定努力说服。

馬堃

第一眼就觉得惊为天人。这美女亲切可爱又干练，长得极像木村文乃，就冲她我无论如何要拿下这职位。裘落木应该能帮上忙吧。

裘落木

马堃那么急切要进我们公司，出乎我的意料。转头一想，也挺好的。为了确保成功，我给他指点了几下。对我们公司的文化，没谁比我更了解的了。

安珀

事实是我过虑了。马堃态度很积极，很看好企业发展前景，愿意减薪30%过来，连微博签名都是"对投入有激情，对回报有信心"，跟我们的企业文化高度吻合。

裘落木

马堃签约很顺利。既然做了同事，我建议索性合住吧，他一口答应。这个结果，相当令人满意。

馬堃

签约过程很顺利。既然和安珀做了同事，怎么才能接近她呢？还是得和裘落木商量，他和安珀关系不错，像是常说的什么来着……对了，男闺蜜。错不了，肯定能帮上忙。

裘落木

失眠了。没想到马堃会喜欢安珀，我一直以为他的女神会是新垣结衣这类型。

通宵看小说。古龙是个明澈事理的智者，他说，爱得越深时，就越会替对方去想，绝不疯狂，也绝不自私。

爱情让人情愿牺牲自己来成全喜欢的人。

好吧，让我来成全。

为了确保成功，我给他指点了几下。对安珀，没谁比我更了解的了。

安珀

马堃对我表白的时候，吓了我一跳。更让我想不到的是，他粗旷外形之下，有着纤细柔软的一面。尤其是他送的礼物，真让人感动。

馬堃

安珀被我的表白吓了一跳。幸好裘落木的指点让我处变不惊，一举成功。真亏了这个好兄弟。

裘落木

事情到这个地步，我的心情……挺复杂。

馬堃

安珀答应了我的求婚，我是最幸福的人！我恨不得朝全世界高喊。

安珀

我是最幸福的人！我连心底都笑个不停。

裘落木

失意泰然，通宵看书。

安珀

偶尔会想，裘落木有没有喜欢过我？

不会，我们要有火花早该激出来了。

馬堃

偶尔会想，裘落木会不会也喜欢过安珀？

不会，兄弟之间有什么不能摊开来说的。

裘落木

偶尔会想，要是我更有勇气，会不会有其他结局？

会不会好兄弟也可以变成亲密爱人？

不一样就是不一样

"偏见比无知离真理更远"，缺少国际交往的人士，对异域国度很容易被片面印象所左右。过去二十年里，我花了很多时间在旅行，遇到有人请教，我总是乐意分享经验。和提供吃喝住玩攻略的旅行指南不同，我的着眼点在于探寻世界各地的种种乐子。即使是短暂的商务出差，只要能用心观察，也能辨识各处隐藏的真相。

先从一衣带水的日本谈起吧。

新干线

在日本城市间，最便捷的是新干线铁路。见到某个日本人突然在走道里下跪，你不必感到惊奇。这是某个瞒天过海、伪造销售合同的销售代表终于被揭穿的一刻。此时他正向起了疑心、坚持面见客户的西洋人总裁承认，"*Sorry, no order*"。他的辩护振振有词"上司完不成目标，作为下属作假是责无旁贷"。

由武士道精神开始，日本人就与"忠诚"挂钩。但两字内有差别，"忠"强调"服从"，"诚"旨在"不欺"。在封建时代侍奉领主时，这两者是一致的；但到了所有者与经营者分离的现代企业，冲突往往会发生。

地下铁

作为最常用的通勤工具，各大都市的地铁都相当拥挤。如果你能理解到，在茶有茶道、花有花道的日本，仪式感仍是受尊崇的传统，就会对以下现象露出会心一笑。

东京地铁里，男士都穿正装，西服衬衫领带一样不少。偶尔见到休闲风格的，一定是没工作无处上班。

上海地铁里，男士都穿休闲，运动服套头衫样样都有。偶尔见到正装风格的，一定是没工作要去面试。

办公室

上班时的日本人谨守规矩，轻易不越雷池，思考半径有局限，贸然征求他们的看法，往往造成其手足无措，也就是"好像很为难呢"。

不加详细注释的话，日本人偏向从字面理解问题。比如面对问题"*Do you love to come to work every day?*"，日本分店员工多数给予否定答案，让美国人百思不解。经由翻译协力，员工的主要诉求是两类，一为通勤时间长地铁拥挤，二为办公楼年代久了空气不好。

工厂

要体验井然有序的生产场面，到日本来就对了。上至高管，下至员工，发自内心地热爱工作，讲究规矩，坚守流程，有时也不免少了些创意和想象力。

企业午休是四十分钟，而物料计划软件运行需要一小时。

日本总公司的想法是"软件必须升级提速，加油！"

美国分公司的想法是"午休延长到一小时，哦也！"

停车库

日本人学习英语时，普遍的执着劲头，和普遍的缺乏天赋，一样令人震惊。

我朋友安德鲁身材魁梧，驾车进入地下停车场时，被管理员出手拦阻，理由是"*You are too FAT!*"。他极为生气，回呛"*And you are too SHORT!*"

管理员只是想说，"你的车太宽了，停不进去。"

电视

日本人身上时有矛盾之处，一面为大和民族而自豪，另一面又对洋货情有独钟。崇拜有时失去了理智，就闹出笑话来，过度憧憬而无法适应现实落差的"巴黎症候群"就是一个例子。

有位日本女明星上谈话节目，炫耀自己刚从澳大利亚买到的贵宾犬，样样都好，连叫声都和日本狗不一样，而且还不爱吃日本产的狗食。

实际上，那个澳大利亚人只是把剪了毛的羊，当狗高价卖给她。

古人说"读万卷书，行万里路"，由中国向南走一万里会到达澳大利亚。多次访问后会了解，此处不仅仅有歌剧院、袋鼠和大堡礁，还有融合了全球各种元素而形成的独特人文环境。

食物

澳大利亚人对饮食的贡献众多，除了龙虾、牛排和啤酒，近期最出名的是加入细奶沫的*flat white*咖啡，口味上佳有回味，可惜像其他小众而美好事物一样，最后没能逃过美国人的敏锐商业眼光，改造成了星巴克里不伦不类的馥芮白。

风土食物，特点卓然，往往本地人啖之津津，外乡客避之不及。君不见北京人有"炒肝"，苏格兰人有"羊杂碎灌肚"，澳大利亚人的回应是*vegemite*，即以酵母制成的咸味酱，口感让人觉得是鞋匠和文具商联合出品的鞋油与墨汁混合物。

住房

澳大利亚是对亚洲非常友好的国家。现有居民中四成多的父母中有一位来自外国，十个人里就有一个是亚洲血统。在悉尼郊区*Chatswood*站下车，感觉就像是在上海的新天地，要由众多亚洲面孔中的少数白人，来彰显出城市的国际化来。

中国人尤其购买房产来势汹汹，本地人因应有道，连门牌号都开始采用带8的吉祥数字来。*Kaye*告诉我，前来洽购她房屋的基本是中国人，意外是最后由独一位洋人买下，原因也不复杂，中国人请教过师傅后齐齐说，"风水不好。"

身高

澳大利亚人个子高大，男性平均达到1.79米。身材玲珑的颖怡作为项目工地上的唯一女生，住进集装箱改造的简易房，怎样踮脚也及不上镜子的高度。连三天照不到自己模样后，实在不能放心，找把椅子踩上去才一睹真容。办公室的微波炉搁在冰箱顶上，她也够不着，每次要劳动本地男同事代劳，这位可是身材样貌都像扮演雷神的克里斯·海姆斯沃斯（*Chris Hemsworth*）的大帅哥哦。

双城

中国有魔都上海和帝都北京的瑜亮之争，澳大利亚则有悉尼和墨尔本双城竞秀，前者经济地位重要，后者文化氛围浓厚。电视节目特地请来两家广告公司，为两个城市宣传竞争首都，取代无闻又无聊的堪培拉。

悉尼的提案突出本城的各项优势，阳光、沙滩、商机、美食等等。墨尔本的提案很简单，承认悉尼的一切优势，接着问一句，"但是，我们的政客们配得上吗？"镜头转到阴雨连绵的墨尔本，出现摄人心魄的一句"还是让他们呆这儿吧。"自黑挡不住，胜负已决。

茶歇

澳大利亚工党多年执政，工会势力也比较强大，所以对员工利益保护得力。上班半途来个茶歇，是当地人天经地义、不容挑战的权利。在高速公路上开得正带劲时，却看到工程进行的标志，被迫减速换道，但一路开去，并不见有施工，原来工人们早已收工喝茶去了，却没撤除告示，反正也无人投诉。

办公室里茶歇的来由五花八门，举凡生日、周年庆、生孩子、病愈等等都行。有位华裔同事工作满十五年，大家喝茶吃蛋糕不亦乐乎，纷纷发言表达敬佩和祝福，有人说，"再呆上十五年才够！"事主听了苦笑说，"怎么听着像是我的假释申请被拒绝了。"

烧烤

有些刻板印象是对的，比如澳大利亚人真的很喜欢烧烤。到了周末，家家户户支开烤炉，搁上肉排，全家乐此不疲。

相应的，烤炉的市场巨大，专门店众多，价位由五百澳元起不等，符合不同的需求层次。销售员常用招数是，先推荐六千元的烤炉，客人会觉得太贵，但随后再看到两千元或一千元的产品时就觉得便宜了。这种引导消费的技巧，当地人戏谑称为"六千元烤炉"，心理学则称其为"锚定效应"。

但随后再看到两千元或一千元的产品时就觉得便宜了。这种引导消费的技巧，当地人戏谑称为"六千元烤炉"，心理学则称其为"锚定效应"。

古有四大文明古国，今有新兴市场金砖五国，印度和中国都在其列。古有唐僧三藏西天取经抵达天竺。今有小米电子产品红透印度市场。

没去过印度时，只有宝莱坞电影、咖喱味道、红头巾锡克兵等刻板印象。然而十次旅行之后，我生成些新认识。

法律

英国在印度殖民统治将近两百年，留下了全套法律条规，以及文官体系来实施法律。直到今天，印度政府和社会依旧尊重法制精神，有时也不免刻板盲目，终于闹出笑话来，须得靠民间智慧解决。

为减少酒驾，政府通过法律，规定高速路旁两百米内不得出售酒精。好巧不巧，孟买多家五星级酒店，都紧靠机场高速。如果严格执行，餐厅里酒吧都要歇业。

印度人很聪明，找到了变通办法。酒店将原通往高速路大门关闭，改从另一端进出，注册地址也相应更改。如此一来，法理上酒店离高速路就不止两百米了。酒吧不用挪位置，业务照常进行，皆大欢喜。

板球

要观察印度官僚体系低效运作，最好是在国内机场。安检通道上，有人检查机票，有人检查行李，有人往登机牌上盖章，有人往随身行李挂牌上盖章，各司其职，充分就业。旅客们毫无怨言，耐心等候。

突然，有个年轻人身形矫健，一路走到最前沿，工作人员挥手放行。我身旁荷兰人大声呼喊"插队！插队！"其他人则善意提醒，这是一位著名板球选手，正在享受特权。

原来，英国人十八世纪来印度时，还带来了沉闷的板球运动，和为熬过板球比赛喝下午茶的习惯。板球如今是印度第一体育，板球明星也是民众心目中的英雄和偶像。

洋人

我也插过队。印度人是好客民族，对外国人不止友好，还会给特权。我在一间印度庙前排长队等待。有个工作人员走近，端详我的中国面孔，然后问是否带了护照。我确认后，他带我前往贵客通道快速通过。

我在公司复述这个故事，引起一位英国籍印度裔同事无限愤懑。他曾经也要求享受外国人特权，却忘了带护照，工作人员看看他与本地人无异的面孔，轻蔑地说，别以为你英语说得好就能蒙混过关。

事有两面。外国人在印度也常常花费比本地人更高。甚至上洗手间，印度人付 10 卢比的话，外国人要付 100 卢比。我和管理员软磨硬泡，说明中国也是发展中国家，最后付了 20 卢比。

乐天派

十五年前我首次到印度时，当地人对中国的印象还停留在历史中，会说出"上海比不上孟买"之类的话。如今当然不同了，中国是第二大经济体，印度则奋起直追。这就是经济界津津乐道的"龙象之争"。

印度人是乐天的民族，比较时凡事都看积极面。他们喜欢说，过去五年印度经济成长速度比中国快，却不提中国国民生产总值是印度的五倍。他们喜欢说，印度人口总数即将超过中国（要不了十年），却不提只有 3% 的国民认为自己很幸福（中国是 21%）。

印度有一项遥遥领先，却绝口不谈，那就是世界前十个污染最严重城市中，印度独占八个（中国只有一个）。空气中尘埃颗粒造成能见度低，北京人管它叫"雾霾天气"，勒克瑙人管它叫"星期二"。

种姓

种姓在印度是绕不开的话题。我在中学历史课本里学到了四个，实际有上千个，且不仅限于印度教徒，在穆斯林甚至基督徒中也有类似的构造。换句话说，印度人将鄙视链实况呈现。

问起当地人，种姓制度是否依旧，有人说在民主社会这已经成为历史概念，有人说长期的文化传统不曾轻易改变。不难猜出，前者是急于抹平差别的低种姓人士，后者则是乐于提示差别的高种姓人士。正如生活中那些强调气质和品格比容貌更重要的人，通常……呃……气质和品格很好。

种姓与职业挂钩，造成人无法从事自己天赋适合的工作，是一种极大的劳动力浪费。幸好罗摩大神时代并没有电脑，于是任何种姓都可以写代码编程序，让印度的信息科技行业人才辈出，硕果累累，涌现出不少世界级的优质企业。

和布赖恩一起吃面

大学毕业当口，布赖恩找不到理想的工作，索性就做起了猎头。羽翼丰满后，他和拍档联手自立门户做上了老板。几年下来有辉煌也有挫折，目前生意景况是不咸不淡，心态上颇有"麻将已到北风北"的调子。

布赖恩心里有烦恼，继续干——没了激情，退休呢——嫌太早，改行的话——不知能干什么。他尝试组织跑友去境外参加马拉松比赛，最后保本收场。拍档开发手机应用想打造体育设施的优步版，终是陈义过高，无疾而终。

在甘肃同事高度认可的某兰州拉面馆里，布赖恩和我一起整理思路。猎头是一种服务，企业决定采用的缘由，无非是三种情形：

（一）　　　企业不知道需要的人才在哪里，猎头知道

（二）　　　企业知道人才在哪里，猎头能更快地找到

（三）　　　企业也能很快找到人才，猎头的成本更低

互联网时代，猎头公司的传统优势都受到无情冲击。以前多年累积的人才数据库，在职业社交整合者（如领英）面前不值一提，企业很容易获取人才市场状况和竞争者信息。即时通讯和社交媒体（如微信）发达，大大提高了与候选人的沟通效率，空间和时间都不再成为障碍。网络众包模式（如猎上）提供的透明公开性，则让价格竞争趋向白热，利润空间进一步压缩。

日暮乡关何处是，大变动的时代需要大破大立的思维。布赖恩思来想去，自己始终要做与人相关的工作，于是产生了若干念头：

普通顾问推十个候选人成一单，优秀顾问推五个成一单，布赖恩推三个

成两单。精准度正是他的专业所在，但背后的思考方法都在他脑子里，不容易复制给其余同事。能否将人的智能变成人工智能，改用电脑执行？质疑可行性的人好似蜀犬吠日，毕竟*AlphaGo*都能击败围棋大师了。有脑力的猎头，不妨成为软件开发者。将企业说不清楚的需求要素透视出来，将候选人讲不明白的求职意愿挖掘出来，用算法实现高效匹配，将是有前景的。

个体经济大潮兴起，未来的大多数人都是为自己工作，而不是在企业上班。从终身雇佣（*employment*）向零工经济（*assignment*）飞奔是大势所趋，不再是组织找员工，而是人才找任务。有心力的猎头，不妨成为超级经纪人。替顶尖人才（大牛程序员、设计大师，甚至可以是网络红人）打理生涯，提供特制化关怀，挑选适合的项目，处理聘用合约，将是有前景的。

投资者判断创业项目的前景，绝不会忽略人的素质，刘芹先生对此多有阐释。私募基金等机构中，将会出现专注于"人"的合伙人，负责评判创始人的素质能否胜任，创业团队的技能是否有缺失。有眼力的猎头，不妨成为人才发掘者。关注投资对象的组织发展是否与业务增长合拍，提供全方位的人才发展建议，乃至在投资组合内的企业间倡导人才流动，将是有前景的。

人们养成了决策前参考第三方评价的习惯，就餐看大众点评，观影追剧看豆瓣，买车看汽车之家。将其广伸到人才领域，并不是不可想象的事。企业和人才信誉评价领域目前尚是空白，缺少有公信力的资讯。有毅力的猎头，不妨成为标准制定者。搜集分析海量资料，定期发布排行榜，让企业和候选人做决策时有客观依据，其未来价值当（如胡润财富榜）不可限量，将是有前景的。

通用电气和劳斯莱斯已经不再销售发动机，而是按设备的有效工作时间向客户收费。把人也看作资源的话，势必要放弃填补空缺的短期目标，以保障人才到岗率为思考面向。有体力的猎头，不妨成为服务整合者。受累协调搜寻、评鉴、聘用、入职各功能，优化资源配置，按时按量交付合格人才给企业，建立彻首彻尾的全新业务模式，将是有前景的。

在时代的岔路口，每条道都有着不可见的吸引力，和不可测的风险性。仓鼠不敢尝试的话，永远不会找到迷宫出口。布赖恩自认七窍已通，五力俱全，想到这里，当年下决心单干的满腔热血，似乎又汩汩流回体内了。

　　我在酒吧等 *Stephen K. Amos* 的喜剧表演开场时，接到了布赖恩的电话。他的声音里充满了年轻人特有的兴奋，"嗨，你和投资界的人熟悉吗？"原来布赖恩的同学在成都创业有了起色，正寻求融资。他自己渠道有限，估到我人脉广，希望能帮上忙。

　　问题并不像看起来那么简单。我毕业于本土最棒的商学院之一，同学中确实有很多投资界名人。俗语说，"同人不同命，同伞不同柄。"就像酒吧制冰机出来的冰块，有些在鸡尾酒里调味，有些在小便池里除味。我知道，这个比喻很糟糕，不过喝上几杯比利时白啤酒，任谁也会修辞能力下降。

　　虽说和同学们认识，但毕业后交集寥寥，交情更谈不上，冷不丁打招呼会不会显得唐突，这是我当时的顾虑。相形之下，布赖恩多年从事销售工作，对冷电行销（*Cold Calling*），或者热脸贴上冷屁股毫无心理障碍，觉得打通电话是举手之劳。在他鼓励之下，我开始检索通讯录。

　　计越在红杉资本当了十年合伙人，我和他几无来往。唯独是在红杉投资了豆瓣之后，曾经的清新文艺网站变得越来越商业化，我于是愤而注销账户。被问到原因时，我毅然键入"因为红杉"。既然结下了这个梁子，还是识趣点，别找不自在吧。

　　姚宇曾和计越是同事，读书时住我对门宿舍，常常一起吹牛。不久前有传言他已去职，我发信息去求证。姚宇回复："是离开了，还没想好下一步干什么"。我心知肚明，这句话其实是说"别再打扰我了"。

　　刘芹是做投资的同学里最著名的一位，早期注入小米，证实他独到的商业眼光。有一回应邀去他公司喝茶聊天，日本设计师打理的办公空间风格极简到了性冷淡的地步。他热心建议我去荔枝 *FM* 开播客，打造个人品牌，并举了"罗辑思维"成功的例子。我冒失地问："老罗不是在搞锤子手机吗，怎么转行做知识社群了？"刘芹愣了足足五秒钟，然后用悲悯的口气告诉我，罗永浩和罗振宇是两个人，虽然都有点胖呢。

　　石建明和刘芹是多年拍档，做事相对低调，其实成就同样高大。有次他邀我见面聊聊，我半开玩笑说，肯定去，但可不能谈生意哦。建明回复说"和你当然务虚为主"。高冷了许久，猛然向他介绍专案，会不会让他吓一跳？

陈文江是女中豪杰，经营投资公司有声有色。校庆午宴时我有幸跟她坐同桌，感慨说这个位子好珍贵，在资本论坛上估计得卖好几千元。之前有人在同学群里发起给母校募捐，颇有强制摊派的倾向，不少人不悦却又怕落下吝啬的把柄，群众噤声沉默间，陈文江发言了，"还是以自愿为好，母校也够有钱了，不缺我们这份。"去年曾在北京偶遇她和刘芹，现在联络下，会不会显得生硬？

事实上，我过虑了。不到一日，建明和文江都交代给属下投资经理和我联系。文江还细心地注明，亦立是我的 *MBA* 同学，不是职业 *FA*。我怯生生问个外行问题，"*FA* 是什么？"她回答，"财务顾问。"

这个备注并非多余，省去了经理对我动机的猜疑。布赖恩就没这个便利了，好凑热闹的他陪着同学去北京见两位经理，被反复盘问，究竟是创始人，投资人，还是财务顾问。他声明自己就是热心观众，对方将信将疑。

布赖恩跟我提起之前管过的另一桩闲事，他朋友在深圳开发了一款游戏，欲寻找大公司合作或代理发行。他急公好义，将其引荐给太太的前老板，某大型游戏公司执行长。对方同样反复问他是不是天使轮投资者，布赖恩怎么否认都没用，只好瞎编说确实少少投了些。执行长这才满意，允诺接见。

布赖恩问我，不为利益帮助人的行为，何以人们难以接受。我想了想说，我也不明白，因为离资本和资本家都很远，对他们的思维一无所知。我们这样的普通人，还是好好尝一碗重庆小面吧。

怪人杜奇胜

杜奇胜是我多年的笔友，都是写字的文科生。听说我进了软件公司和众多写代码的程序员当同事，他颇感惊讶，也顺势向我倾诉对技术人员的敬畏。敬的是他们对技术的无条件信任，畏的是他们由此衍生的傲慢。

"你知道的，我刚刚接触电脑时，出现故障信息总是'该程序执行了非法操作，即将关闭'，我百思不得其解，究竟按了哪个键是非法操作，违反的又是那条法则？信息里隐含着一种责备的口吻，就像小时候妈妈说'有个淘气孩子把碗打破了'，然后瞪我一眼。后来蓝屏提示变成了'致命的异常错误 *oE* 发生在……'接着是一个我无法理解的十六进制数字。语气有所缓和，基本描述叙事实，但只字不提程序本身可能有问题。直到近几年，我才看到谷歌浏览器有时会承认'糟糕，*Chrome* 崩溃了'，算是负担起了部分责任。"

"事情是这样的，每次我抱怨电视机有问题，维修工程师来了都是先检修机器再下结论，但每次我送电脑去修，小屁孩们都是先认定我不会用给搞坏了。再说手机上这些 *app*，明明是他们没写好有 *bug*，但让我下载补丁时却连个道歉也没有，反而像是给了巨大恩惠似的。"

我给他解释这是软件升级迭代，但杜奇胜听不进去，科技公司的傲慢让他产生种种偏执念头，充满了阴谋论的气息。他对三星 *Note7* 电池故障的说法不以为然，疑心是为了掩盖软件故障，干脆让手机自燃。特斯拉在美国、中国和德国发生事故，他咬定是为了掩盖无人驾驶软件的重大缺陷才故意撞车。

在他心中，傲慢公司的最高典范当然还是苹果。*iPhone7* 出场时，取消了耳机插口，负责人高调宣布理由是两个字"勇气"。杜奇胜当时就光火了，"莫名其妙！要说手机有什么线多余，难道不是那根充电线吗？"

同为科技盲，我觉得这一条他说得挺有道理。

杜奇胜和我一样，对新生事物适应不及，起先是常态的手忙脚乱，后续则开发出恶作剧应对方式。我从旁观来，不由觉得他无聊。

泛滥成灾的诈骗电话，杜奇胜通常一眼识破后却不收线，而是东拉西扯大摆龙门阵，直到对方回过神来大骂一声"你这个骗子！"挂断。他的理由是"多耗几分钟，就给其他潜在受害者争取多些时间。"他总结诈骗分子一定认真拜读了巴菲特先生的著作，紧紧抓住人们的两个心理弱点，一是贪婪（中大奖），二是恐惧（法院传票），才能频频得手。当年我们一起醉心文学创作时，杜奇胜曾多次收到文学比赛得奖信息，被骗了不少手续费。如今人到中年，欲望减退，也就不太容易上当了。

遇上推销电话，杜奇胜更是和颜悦色，耐心倾听，紧要关头问一句："要钱吗？"我质疑要是对方提出能提供借款怎么办？他毫不迟疑地接上："那要还吗？"我问杜奇胜为什么宁可塑造守财奴的形象，也不直接拒绝？他说人家也是工作，这么做保留了对方的面子，保持了对方的士气，否则很容易把对方推上转行电话诈骗的不归路。他于心不忍。

杜奇胜并不是无差别善待人的。遇上在公共场所寻找帮助关注微信公众号的人，他态度就不那么友好了。杜奇胜觉得他们毫无诚意，给个笑脸就让人帮忙，连纸巾或杯子都不给一个。他的判断原则很简单，就是将对方手机拿来看看。如果比自己用的手机更便宜，就支持扫码。如果比自己的手机还高档，他就不客气地拒绝，对方的日子这么舒服，应当反过来帮助他才是！

比较难以处理的是给网约车司机的服务打分。杜奇胜经过长时间思考，终于找到便利可行的标准，即司机车上导航软件用谁的配音，如果是林志玲，毫不犹豫减一颗星，因为他听见这个发嗲不止的剩女就讨厌。

欢
喜
对

卷土重来的不只是愿望

[要了解关于愿望的知识，最好的去处是——一家名叫"杜布罗夫尼克"的咖啡馆。像同名城市一样，它采用屋顶的红、墙壁的白和海水的蓝为主色调，离喧嚣的菜市场不远，本身却有奇特的宁静。咖啡种类众多让人顾此失彼，菜单呈现往往比实际得到更美好，在此度过的下午短暂惬意却不会持续，这些恰恰都是关于愿望的特征。]

——徐老师，好久不见！看这喜庆样，新年里遇什么开心事吗？

——朋友拜年短信里有个讨喜问题"去年你的最大发现是什么"。我想回复"*Uruguay*"，结果智慧手机拼写检查改成"*U r a gay*"就自动发出去了。

——真糟糕，您用的是哪门子输入法？

——只是玩笑而已。你新年过得好吗？

——挺欢乐的。就是看到别人都在进步，自己却一事无成，心里有点着急。有心在新年里立几个目标，却无从下手。

——我看大可不必，何况立志也不必挑日子赶热闹。元旦或者春节，本来是天文学家为记录方便而人为设置的历法日期，后来则成为商家引诱无理性消费群体的利器。既然是任意指定，从任何日子开始都无所谓，就像各国政府财政年度，往往并不与历法年度重合，英国从四月一号开始，瑞典从七月一号开始，美国从十月一号开始。特地选择元旦或者春节，全无道理可言。

——那有道理的做法是什么呢？

——德国作家让·保罗写道"我们的生日是时光翅膀上日渐丰翼的羽毛"。生日，是确定个人和宇宙空间时间关系的支点。选在生日立愿望，就合理多了。

——什么才是好愿望，是不是要符合什么"精明目标"原则？

——那更多是技术指南。头一步，先要区分自己的关注圈和影响圈。愿望的范畴，应该是自身努力影响所及。其余的事，看看就好，费心费力犯不上。比如，"世界和平"有禁化组织 OPCW，"消除贫困"有摇滚巨星 Bono，"女人心动"有长腿男神 Lee Min-Ho。

——韩剧梗？我以为您没这么无聊呢。愿望涵盖的面似乎很广，到底包括哪些内容？

——大致上愿望有三类，一是"继续做"。坚持是值得尊重的品质，哪怕是不起眼的行为，坚持若干年就有了不同的含义。沪上知名猎头兼日语入门水准段立新，持续拍摄陆家嘴金融区三幢地标建筑，并配以每日一新的标语，发布在微信朋友圈，这就是让人钦佩的坚持。老段，加油！

第二类是"尝试做"。勇气是值得尊重的品质，任何时候敢于挑战新任务，都不会来得太晚，哪怕是人到中年。人力资源多面手兼服务投诉爱好者王海，最近开始刺激而有风险的创业生活，用自己多年经验造福众多企业，这就是让人钦佩的尝试。海哥，加油！

第三类是"停止做"。扬弃是值得尊重的品质，当结局偏离投入期望时，一定要改弦更张，切莫深陷泥潭。人才发展专家兼儿女双全妈妈安婕拉，冒风险做正确决定，叫停公司经营多年但效果欠佳的培训生计划，这就是让人钦佩的扬弃……

——徐老师，我替您喊吧，Angela，加油！依您经验，立多少个愿望最合适？

——中文说"事不过三"，英语说"Third time is the charm"，因此说三个最合适。台湾女歌手兼夹脚拖鞋达人梁文音有首歌《三个愿望》，歌词你还记得吗？

——你答应送我三个愿望／第一个希望你能健康开朗／第二个希望我能更懂体谅／第三个希望我们永远有话讲。

——唱得好！看似简单，其实道出了幸福婚姻和亲密关系的真谛。超过三个愿望，男人根本记不住，碰上得克萨斯州长佩里，也就两个。男人大脑回路和女人不同，记忆很快便被抹去。男人问女人为什么生气，女人往往冷冷地回答，"别装蒜，你心里清楚是什么事。"

——确实，男人真不知道是哪件事。除了流行歌曲外，这有什么科学道理吗？

——行为科学研究证明，三是个奇妙数字，用三个形容词来夸某个人，听者会觉得很有可信度，而加到四个，反而让人生疑。三个词的短句，也最容易让人记住，奥巴马的竞选口号"*Yes We Can*"就是最好的例子。我国一些脍炙人口的口号也是三个部分组成的，比如宣传交通安全的"一慢二看三通过"，是不是？信了吧，立三个愿望最靠谱。

——我信。徐老师，您过生日时立过什么愿望吗？

——我生日在三月份，所以愿望是新鲜出炉的。说来还拜托了几位人士启迪，跟你分享下，说不准也能给你参考。

我头一个愿望是，保持自己观点的同时，尊重他人想法，像开明人一样生活。科技公司执行董事兼长相酷似鲁冠球的顾瑜同学对我文章发表评论是"站得稍稍高了点"，经求证是批评我有精英主义倾向。我并不为此而惭愧，精英是某种程度的认可，没什么不好。文章曲高和寡抑或一呼百应，则并不是我特别在意的，而且丝毫不影响我给他出谋划策。

——就像我认为《废柴联盟》[1]是史上最强喜剧，而那些爱看《来自星星的你》的朋友们完全找不到笑点，我们还是能一起泡吧。*Live and let live*，英文是这么说吧？

——我第二个愿望是，开始对身体负责，平衡饮食多运动，放慢节奏不折腾，像中年人一样生活。英国记者兼体型非常消瘦的托尼·帕森斯写过，"你见过多少肥胖的老年人？很少。因为肥胖者变老前就死了"。他犀利指出，男人变老的三个方面是"头发、牙齿和体重"。脱发的人可以剃光头，掉牙

---

1. Community, NBC & Yahoo! Screen, 2009-2015

的人可以装假牙，只有超重的人最难办。我要重启荒废已久的锻炼。

——好像村上春树先生就是跑步减体重，同时又为在法国餐馆舍弃甜食而懊恼。我用实际行动支持您，咱们一块运动。

——我第三个愿望是，停止追捧新玩意，不购买苹果手表和谷歌眼镜，像正常人一样生活。美籍俄裔作家兼难以摆脱童年阴影的加里·施特恩加特在2010年出版了小说《爱在长生不老时》，主人公是"世上最后一个读书者"。四年前还被看作是反乌托邦预言，在今天正在迅速成为现实。连作者自己也哀叹说"如今的科幻小说只能预言两个星期后的景象"。我想远离那个世界。

——徐老师，您说起来真有双鱼座的感性力量，就是这想法实在有点……

——落伍了，是吧？我同意。不过，我发觉成为世上最后一个读书者，事实上很酷。

——这才是您去年最大发现吧。话说愿望好立，但不容易实现呢。

——没错，因为无论哪种愿望，根本上说都是行为矫正的过程，而管理心理学研究证实，这是一项复杂而艰巨的工作。人生来就有安于现状的惰性，会成为重大障碍。具体怎样才能实现愿望，谈"分化增强"、"消弱"、"隔离"之类的专家未免学究气。我呢，有三个简单易用的锦囊。

——我就爱和您这样的实战派打交道。具体是什么妙计？

——第一招是"昭告天下"。让周围人群知道你的愿望，邀请所有人成为你的监督员，外部动力的作用不可小觑。糖尿病人要控制病情，需要改变不少生活习惯，很多人都容易半途而废，进而丧失信心。美国人研究表明，把已经建立良好新行为的病人与刚开始行为改变的病人配对，能大大促进后者的病情控制，其有效程度甚至超过某些顶尖药物。

有个大龄单身未婚女性，慈祥奶奶每天都追问"结婚了吗"，最后她终于决定"我不能再挑了"，于是跑去百合网实体店领个小伙子回家了。

——我看过这广告，新年里最好玩的，没有之一。

——第二招是"捆绑诱惑"。想看网络视频，却不得不忍受捆绑播放的广告，说明这个方法着实有效。两位美国医生将之用于行为改变，规定减肥者必须去健身房才能读垃圾小说，结果他们锻炼时间增加了56%。将需要增加的行为和需要减少的行为捆绑在一起，效果惊人。我受这篇文章启迪，马上去社区健身中心办卡，无论跑步、快走还是踩自行车，只有消耗完四百大卡热量我才能看《新闺蜜时代》。

——我看过这电视剧，新年里最好玩的，没有之一。

——第三招是"抬高筹码"。并不是要你去赌博，而是说惩罚性结果能促进人实现行为改变。美国医学会学报论文指出，事先承诺不达到减重目标就缴纳罚款的人，在十六个星期后比其余人多减六点四公斤。美国经济学家一项对戒烟者的研究有类似结论。筹码未必是钱，也可以是人际关系。要杜绝迟到，不如提醒自己让朋友空等次数多了，落个坏名声不值当。

有个痴迷韩剧的重庆女生，要男友半夜去买啤酒炸鸡翅，遭到拒绝后毅然分手。她的错误在于没有事先知会不买鸡翅的后果，结果行为改变失败。

——我看过这故事，新年里最好玩的，没有之一。和您聊天真带劲，我回家琢磨琢磨自己该立什么愿望。下次咱们继续！

春风再美也比不上好学校

[要讨论工商管理硕士教育，最好的去处是——正在庆祝建校周年的某商学院。作为知名华裔建筑师在中国唯一校园项目，脱胎苏州庭院又加入现代元素的设计风格，暗合西为中用的办学思路；各功能建筑门口的赞助商冠名，则时刻提醒师生，商场容不下自命清高。翠竹红墙，水绿如蓝，岂非是你早就想去的江南？]

——旧日一曲韶华低，春风十里不如你。

——徐老师在这里吟诗呢？好像在哪里读到过类似句子。

——没错，都市暖爱作家沐清雨的新书，名字就叫《春风十里,不如你》。

——您还读这么小女生的东西*!!??*

——少年，莫心急。和你一样，我是在冯唐的《三十六大》里念到。只是无意间搜索到这本"幸福新作"，拿来与你开个玩笑而已。

——吓我一跳，还以为您人到中年转性了。正好有事要请教。

——不必客套，但说无妨。

——周围几个朋友都去读工商管理硕士。我也很想念书，但吃不准有没有用，伤脑筋啊！

——本人十五年前入读本校，故此立场颇为微妙。若说用处彰明，难免王婆卖瓜之嫌；若说全无用处，又是大佬假光棍。也罢，发几句肺腑之言，阁下听后权作参考，不知意下如何？

——吾乃成人，自有分寸。您今天怎么特好掉文啊，痛快说话不行吗？

——抱歉，春天时我总是思绪纷繁。读商学院好处众多，知识收获最重要。

工商管理课程类别很多，虽然各人出于职业规划，学习会有侧重，但一路通读下来，总有收获，企业管理各个方面，固未必精深，但大概面貌总有了解。常言说"没吃过猪肉，总见过猪跑"，不是吗？

——这话在理，不过遇上穆斯林，您最好换个说法。

——这是常见误解，穆斯林并不会否认猪存在。我从事人力资源工作，所学财务知识依旧很有用。有一次在内地某合资公司，财务总监跟我谈话时露出轻视人力资源的口气，我先听着，瞅机会插话说"你刚才提到的应该算是'或有负债'吧"，一句话就让他不敢再小看我。

——明白了。以后聚会里有人再大谈瓦格纳，来一句"没错，他还是希特勒最爱的作曲家"，准让他对我的古典音乐知识大为惊讶。不过，好像有点豁胖的腔调。

——确实，只是皮毛而已。学以致用，就需要多一点努力。公司的管理培训生项目需要资金，在企划论证时，我遇到的挑战是要证明其投资回报率符合要求。不好做啊，因为项目"投资成本"很好计算，"直接收益"却很少。多亏当初学的财务知识，我将"成本规避"加入考虑后，财务模型就像样了很多，再放进"效率提升"一类的软性收益，项目通过几率就大大增加了。

——我怎么总觉得这样出来的数字，主观成分还是太大。

——这个观察很敏锐。有家知名公司的人才发展项目，入选哈佛商学院案例库的理由，就是其投资回报率高。我们在研讨会里求教负责人怎样计算出来时，情形几乎是类似的。成本很清楚，关于收益，她们考察的是人才能力提升带来的生意增长，数字则来自业务负责人的——悬念来了——估计！

——要不人力资源在公司没发言权呢，数字都靠拍脑袋，怎么证明自己的价值？

——事情都要一步步来，现在有这样的近似值，比起以前已经有很大进步了。除了财务，运作管理也教给我好多知识。经理对招聘工作总是抱怨速度太慢，我尝试用供应链的概念来解释，人才和原料一样，市场情况差异很大。有些是趋向标准化的大宗商品，所以采购周期短，比如公司前台，总能很快找到，而且薪酬水平起伏较小；有些是个体差异很大的非标商品，所以采购周期长，比如数据库分析师，找起来就很费力，而且薪酬几乎是各人各价。

——哎，很有启发，让我想起黄舒骏的歌《听不懂的话》。

——学习知识之外，常被提到的是建立人脉关系。比起《致青春》描写的岁月，我们年纪已长了几岁，也有扎实生活经验，但校园里人际交往，总是有更多单纯，更少功利。至今想起来，如"远去的渡口，彼岸的灯火"般美好，令人怀念。

——说起交往，社会上有看法，读商学院是成功人士换老婆的机会，比如王石。

——你只知其一，不知其二，要停妻再娶的人呢，读不读书都会做，怪罪商学院实在没道理。话说回头，我们班一百多位同学里确实有相看对眼、共结同心的美事，还不止一对。

——撇开八卦不说，实在好处有没有？

——当然有。商学院是藏龙卧虎之地，我从同窗高手身上学习到的，不比从老师那里来得少。他们不但智商出众，以往的工作经验和专业训练也是我望尘莫及的。用当时的课堂名句形容"草原大了，什么牛都有"。

——通常不都是说林子大了……

——商学院之丰沛，林子难以形容。"牛"在这里也指代"学霸牛人"。以学术造诣来论，同学里出了若干博士，目前在世界各地执教的都有，绝大部分研究经济和金融。唯独秦同学是先秦历史博士，目下担任沪上某大学校长助理。

——他负责教学工作？

——想什么呢，他主抓学校三产。历史博士常有，经商人材难寻，当然要用人所长了。如今在某个行业或专业领域有所成就的同学，那是相当多。当年临近毕业时，我对自己做了评估，发现去工商管理硕士热门求职方向，比如投资、财务、市场营销等等，我都没什么竞争优势，真是"爱上一匹野马，可我的家里没有草原"，索性挑了相对冷门的人力资源，现在看来真是上乘之选。

——董小姐的梗放这里并不合适，还不如用英语的"*If you can't take the heat, get out of the kitchen.*"如今同学间的交往是什么情形？

——同学相聚，比起一般生意场应酬，来得真诚。我说的这都是全日制课程的事，王石他们读的在职高级工商管理硕士课程，可能就另当别论了。某同学如今是著名创投基金管理人，日程繁忙，但我电话打过去，他总还是会接。当然没事我也不会去打扰人家。好处在于，有不懂需要找专家请教，或者就某个专题搜集资料时，有个同学圈子会很有帮助。

——哎，很有启发，让我想起张楚的歌《孤独的人是可耻的》。

——商学院学习对我助益很大的，再就是解决问题的能力。我学到了用全面（*Holistic*）观点，看到问题全局而不一叶障目；我学到了用系统（*Systematic*）观点，看到内在关联而不停留表面；我还学到了用人本（*Humanistic*）观点，看到解决方案对人可能有的潜在影响。

——听着比较抽象，能举个具体例子吗？

——当然可以。某物流服务商为跨国企业提供仓储外包服务，运行后表现持续低于指标要求，尤其是每周一操作量巨大，人手严重不足。你要是碰上了，会怎么解决？

——加大招聘力度，弥补每周一的人力缺口。

——恭喜你，达到了运作经理的水平！但仔细一想，要找到技能熟练、又愿意每周只上一天班的人，太困难了。要是招全职员工，绝对会出现人员过剩，成本超支。

——那就调整岗位和工作分配，每周一招简单操作工，还可以从其他仓库借调富余员工。

——恭喜你，达到了人力资源经理的水平！但仔细一想，这样的方案会造成运作部门一直紧绷，时间长了难以为继。

——我知道了，要从客户端着手，看看为什么每周一操作量大。

——恭喜你，达到了运作总监的水平！原来是客户周末休息，造成订单积压而在周一才统一释放。通过和客户交流，实现周末信息对接，问题基本得到解决。要是表现指标还是差一点，你该怎么办？

——嗯？不好办。

——如果问题总是得不到解决，要看看问题定义是否正确。再怎么努力也达不到目标，既可能努力方向不对，也可能目标不合理。在这个例子里，读过工商管理硕士的客户总监，设法说服客户将服务指标下调，于是皆大欢喜，"时间愉悦地过去了"。

——哎，很有启发，让我想起黄小琥的歌《没那么简单》。

——总之，从"智、友、术"三个方面，我对商学院心怀感激。

——如此这般，关于读不读工商管理硕士，您会给我什么建议？

——请允许我模仿下古龙先生的口气。有了学校，就不能没有学生，有了学生也不能没有学校。

——您的意思现在我总算已经明白了。

——所以现在我也不必再说什么……也许有一句话……

——哪句话？

——请君入校。

自信的一天从正名开始

[要讨论跨文化交流，最好的去处是——"冰雪奇缘"地铁站。桃红、翠绿、湖蓝和茄紫四条线路于此交汇，前两者的洒脱和调皮代表安娜，后两者的冷峻和尊贵则象征艾莎。各色人等应有尽有，老大爷认真听广场舞音乐，空姐制服与兵马俑铠甲混搭造型的姑娘，穿弹力服的中年女人是莱卡纤维质检员。冲突弥散的空间，激发人的思考。]

——是徐老师吗？好巧啊！跟您打听个事，视频网站把我爱看的美剧都撤下了，上哪儿能找到资源啊？

——回头我把网址发给你。说起电视剧，我想起移民美国的同学家里装了小米盒子，用来收看国内电视节目。他和我聊《心术》里的吴秀波与海清，我表示没看过，无力讨论。他很惊讶，"这么红的剧都不追，你看什么呢？"我羞赧地回答，美剧《生活大爆炸》'啊。

——满拧、错位、一地鸡毛。这是普遍现象吗？

——似乎是。颖怡住悉尼，家里也装了盒子，和爸爸妈妈一起看张嘉译主演的《一仆二主》。大眼姑娘当年在比利时工作，过年时到处找在国内从来不看的春晚，劲头和如今的你一样。

——这仅仅是思乡，还是说人非得到了海外才会更爱国？

——两者可能都有，多少都反映了融入当地文化，不是那么容易，也说明人对不常接触的事与物，会表现出更强的好奇心。我一直记得上小学时在拙政园门口，上百人围观一个小伙子和老外练习说英语。那是一九七九年。

——中国的开放进程，大大增加了我们和外国人打交道的机会。

——随着国力增强，我们与西方的相处模式也在发生变化，从无差别全

---

1. The Big Bang Theory, CBS, 2007-

方位接受，到有选择吐纳吸收。我经过慎重思考反复斟酌，决定不再用英文名字了。

——话说在外企工作过的人都有洋名，闹出笑话的也很多，比如我曾有个同事英文名字是*Best*。

——非常自信霸气啊！这名字是他自己起的，还是有高人指点？

——据*Best*自述，是资讯科技部同事设立邮箱时，误漏了字母造成的，他本意要起名为*Beast*。

——哦呀，这就更自信更霸气了。难不成他女朋友叫*Beauty*吗？

——差不离，是法文的*Belle*，意思相同。您英文名字叫什么？

——那是过去时了，不提也罢，反正不是*Jack*。中国人起洋名，除去外企工作语言主要是英文，也暗含对西方物质财富的延伸性盲目崇拜。如今情况大不同，中国经济强大了不是一星半点。

——对，二零一三年财富五百强企业名单里，中国（包括台湾地区）就占了九十五家。

——中国人应当更有自信地面对世界，起码不必再为了让外国人喊顺口而起英文名字。孔子教导过"名不正，则言不顺；言不顺，则事不成"。我加入当前企业后，不论哪国同事，都叫我*Yili*。

——赞一个！听着很亲切。如今我发现，外国人学汉语的越来越多了，很多人还起了中文名字。

——确实，当年我有位荷兰人老板，中文名字相当典雅，叫"施邦国"，后来又来个法国人，中文名字叫"戴立国"。两位副总裁名字交相辉映，焦不离孟，实乃辅佐江山的栋梁之臣。

——这体现中国影响力增强，外国人都向我们靠拢。过去我们可能过于着重借鉴他人，在管理理论上为美国欧洲马首是瞻，缺少对本土思维体系的传承。

——在研究东方管理智慧方面，我同学曹阳主持的《商业评论》杂志，做了不少开拓性工作。情况在起变化，文化交流正变得更为双向。自信的中国人，既坚守本土文化的精粹，也赞赏其他文化的高明。

——不能矫枉过正，搞泱泱大国惟我独尊那一套。国际互动增加，有助于提高理解和互信。您在不少跨国企业工作过，接触外国人也很多，有什么心得吗？

——谈论这个话题要很小心，陈述过于笼统和总结性，往往落入"刻板印象"的泥淖。与其用片段看法去误人子弟，倒不如来澄清一些国人常有的误解。某种角度说，我乐意为一些外国人正名。

——谢谢您提醒。我工作里最常碰见的是美国人，通常觉得他们脑子简单不转弯，这是不是有道理？

——比起中国人来，美国人的脑子确实要更简单，表现一是直来直去，二是数学不好。但是，美国东西海岸间分别很大，与中国的南北差异有一拼。无论性格或穿着，纽约同事相对正规古板，而洛杉矶同事就休闲随意多了。

——我看《广告狂人》[2] 时确实注意到了这个差别。您的意思是美国人当中也有世故练达的。

——那是自然，教育、成长背景对人的影响也不可低估，遇到具体人还得具体对待。很多时候，如果美国人说话婉转含蓄，并不是个性使然，而是害怕犯"政治不正确"的错误。

——没听说过这个词，是什么意思？

——"政治正确"是指为了避免不公正歧视而采用变换字眼的行为，所说的歧视可能涉及种族、性别、性取向、身心障碍、宗教和政治见解等等。比如说别人"白痴""脑残"就是政治不正确了，应当改口"智力障碍"。

——原来如此。难怪厉以宁先生不说"穷人"，而是说"待富人"了。

---

2. Mad Men, AMC, 2007-2015

这样子跟美国人说话岂不是很累？

——其实不然，因为你是亚裔，容错空间大了很多，反过来可以挑白人"政治不正确"的毛病。比如到美国去开会，一屋子人就我一个中国人，还记得美国人数学不好吧，我老板就是，一着急对我说"*Yili, what is 40% of 170?*"你看出来问题在哪了吧？

——我明白了，想当然亚裔就该做数学题，这也是一种潜在歧视。徐老师，您应当回答"*The answer is 68, and thanks for being a racist.*"

——哎，语气用不到那么强硬吧，毕竟那是老板。总之跟美国人打交道相对容易。对了，你去过印度吗？

——没有，那地方有什么好去的，处处贫民窟，一股咖喱味道。

——我前后去过六次印度。这是个神奇的国度，来此地的人要么避之不及匆匆逃去，要么倾心爱恋不断返回。很奇怪，撇嘴贬低印度的人，很多从来都没去过那里，只是道听途说、以讹传讹。说起印度人，最先跳进你脑子的是什么？

——印度人爱好跳舞，肢体语言很丰富，据说他们点头是*No*，摇头表示*Yes*。

——这正是最常见的误解，流传甚广难以纠正。印度人点头也是表示同意，摇头也是表示反对，和我们一样。不同在于多了一个晃脑的动作，表示听到了，而不是同意。

——唔，摇头晃脑不是一回事吗？

——从科学角度说当然不是，因为你脑袋转动的轴不同。摇头是垂直方向为轴，晃脑是水平方向为轴。

——又让我学习了知识。跟印度人搞好关系有什么秘诀吗？

——印度国家很大，人种语言文化都很丰富，各地差异很大。一定要找个打通文化障碍的话题，那就是说自己喜欢看印度电影！孟买的员工大会上，一百多印度人围着我这个中国人，压力还是挺大的。后来我顺着他们的问题，唱了几句经典印度电影《流浪者》里的《拉兹之歌》，大家一下子沸腾了，气氛非常之好。

——多亏您提醒，不然我好多错误会犯到国外去，多丢中国人脸面啊。

——犯错没什么，试错法是人类学习发展的主要方式，就连上帝第一次创世也不成功，只能用洪水毁灭世界，单留下诺亚一家人和一条船。你能耐还能超过他老人家？安心啦。

——这么说我心里就有底了。徐老师，还有一个长期固有印象，就是荷兰人特别小气，所以英语才用"*go Dutch*"来表示"各付各账"，这也是误会吗？

——大部分刻板印象都是片面的，但也有极少数符合事实，荷兰人的精明就归属此例。我有切身体会。还记得那位施邦国吗？我和他去北京出差，偷得半日闲暇去天安门逛逛。施先生一路走到故宫门口，舍不得买门票，决定掉头回转，然后问我"还有免费参观的地方吗？"

——人民大会堂不让随便进吧，要不去毛主席纪念堂？

——我就是这么建议的，他欣然前往。施先生身高一米九，排队等候时引起了武警战士注意，频频朝我们扫来警惕的目光。

——谢谢您提点，让我开拓了眼界。看到您穿正装，本能反应是您要去参加婚礼，现在我知道不该妄作假设，问一声更妥帖。

——没错。同事*Ray*退休后潜心从事绘画，他的展览开幕，我要去观礼。展览起名很有幽默感，叫做"*50 Shades of Ray*"。

——希望不是我想象的重口味。一样要找*Ray*的梗，不如用"*Everybody Loves Ray*"，您说呢？

——嗯，一个暗扣画笔下灰度，一个饱含欣赏者仰慕，都是巧名妙用。我等的车来了，回头见！

改弦闻音悦 易辙达路宽

［要讨论转行穷三年，最好的去处是——"缅切科夫"俄罗斯餐厅。腌黄瓜还太热，红菜汤却凉了。各色人等应有尽有，大妈总是等到鱼子酱打折才光顾，股票经纪点菜只关注价格而忽略菜色营养，暴发户抱怨乌拉尔饺子不如中国的好吃。侍应生夹在自命不凡的主厨和难以讨好的食客中间，可怜劲就跟人力资源部一样。］

——晚上好！徐老师，地方不太好找，您是特意挑这用餐？

——没错，对俄罗斯文化的情感，源自四年大学俄语学习，但语言就像手机流量套餐，不用就荒废了。你换用新手机了？

——苹果 *5C*，粉红塑料机身，米白雨滴外壳，*AT&T* 命名为 *Chinese Take-out*（外卖中餐）。

——如此大胆的色彩搭配，我倒觉得称为"闷骚"更切题。闲扯先放一边，有什么要紧事？

——您知道我一直做财务，最近总经理突然希望我换去负责人力资源部。很意外，不知如何决定是好。

——真是伤脑筋啊，半路改行什么的最麻烦了，一招不慎前功尽弃。话说怎么总经理会突然冒出这个念头呢？

——两年间换了三个人力资源总监，都是外部招聘，呆不久出了各种状况。总经理估计是基于稳定性和适应性，才考虑我吧。

——这就合理多了。综合我和同行们多年谈话，科班学习人力资源专业再进入这行，只是近十年才有的情况。不少人进入这个行当都是"误打误撞"。

——我猜，"误打"是说和人力资源打了交道才转行进来，对吗？

"""

——对，著名的"误打"者有，儿童培育博主*Diana*，最先做行政时经常要和人力资源部政策对接；优雅女性代表*Adele*，当初为外籍人士提供安置服务，与人力资源部紧密合作。机缘巧合，她们后来都转做人力资源专职。

——原来都是本行有所成就的英才呵。"误撞"就是信息不清楚的情形下一头撞进来吧？

——果真如此，而且多数发生在毕业季。学英文的女孩*R*和学旅游管理的女孩*J*，都是诚心进知名大公司，不在乎具体部门，没想到进入人力资源部做实习生后，就此一发不可收。学法文的男孩*E*，和法国经理沟通无碍，因此被上司相中从事招聘，结果一路做下来。也学英文的男孩*A*，几位招聘官给他留下很好印象，就接受了邀请转而加入人力资源团队。

——这样也行，人力资源部岂不是"近水楼台先得月"，看到好实习生就留为己用？

——何止实习生，有个前女同事，在候选人里发现了优质男生，即刻把他招进公司，然后发展成老公。

——这么看来，剩女都是不努力，怪不得别人。

——嗬嗬，你别"哪壶不开提哪壶"。她们的人生已经如此艰难，有些事不说穿为好。

——徐老师得与时俱进，用用新式成语"人艰不拆"，不是更简洁传神吗？您觉不觉得，替人规划生涯的自己缺少生涯规划，就像替人做媒的自己甩单不结婚。怎么说呢，本末倒置？

——深思熟虑选择生涯的例子也很多。有些是正向思考的结果，即反省自己想做什么。四川美女毕业后不想从事本科学的机械，觉得自己更喜欢跟人而不是机器、图纸打交道，人力资源门槛相对较低，跟行政相比又显得更专业和更有职业发展潜力，所以就定下方向了。

——那反向思考就是反省自己干不成什么再做选择吧。

——正解！淮安健男与我一样学过俄语，毕业后找不到好工作，得知科锐国际三位创始人也是求职无门才创业，当下决定加入做猎头。业务指标太高完不成，于是淮安男改做招聘流程外包。后来他给客户招的候选人一周就离职了，出于不好意思自己跳进去填了这个空，顺便给上司解了围。

——都是青涩时代的思考，好像不适用于职场中道的情况。徐老师，半路改行到底该怎么决定呢？

——先要考虑下自己性格是否适应这份工作。韦恩曾是（仍然是）一位优秀工程师，通过性格和职业倾向测评，发现自己更爱和人打交道。海琳娜做盖洛普优势发现器测试，得知与生俱来就有"发展"、"沟通"一类与人相关特质。薇薇安做了人力资源才接触各种测评，结果发现自己很适合这一行，感觉是幸运！

吃俄罗斯菜，归根结底是对伏特加酒有持续兴趣。同样道理，做人力资源工作，顾名思义必须对人有持续兴趣。符合这个基本条件的人，就可以考虑转行。

——自感和人打交道是长处。我一直比较关心人的心理活动，常被人当作倾述对象，并能帮助别人化解因内心纠结而产生的问题。

——有必要研究下新工作提供的成就感与你个人愿景是否吻合。正如苏州同乡兼业余赛车手吴国铮先生所说，人力资源的着眼点和做业务不一样，是"帮助别人成功我就快乐！"。薪酬专家兼红酒品鉴者黄晓虹女士告诉我，她逐渐发现，人力资源工作既能帮到他人，也能帮到自己，实为喂饱自己贡献周围人等之上选。

话说两头，人力资源对企业贡献相对间接，价值链上位置模糊，这也是地位难以提高的致命伤。《摇滚学校》[1] 里的台词 "*Those who can, do. Those who can't, teach. Those who can't teach, teach sport.*" 用到人力资源里也挺合适。

——就是，有同事劝我"你这么强的财务背景，去做人力资源岂不是可惜"。

---

1. School of Rock, Paramount, 2003

您觉得她说得有道理吗？

——按照她的逻辑，高收入男生继续单身，也是浪费社会资源了。很遗憾，这是主流思路，也确实有不少例证。清华吉他歌手兼电视节目名嘴萧泓先生，曾是我在人力资源部的上司，加入网络游戏公司完美世界后，由于能力太突出了，终于成为首席执行官。鱼子酱本是俄罗斯特产，却成为法式料理的精品名肴，是不是有些悲哀？同样道理，对人力资源的最高能力肯定，是可以跳出这个行当，好像也挺悲哀。能克服这个心结的人，就可以考虑转行了。

——哎，我的人生理想是快乐就好，工作嘛养活自己就好啦。

——人力资源未必是进取心薄弱者的避风港。企业管理终究是人的管理，与人打交道的工作是最复杂，如同一位英国老前辈说的 "*The soft stuff is always harder.*"

——这句话好理解不好翻译。常说 "员工是企业最重要的资产"，我却发觉公司遇到经营困难，首先想到还是裁员，起码是减少人力资本投入。这活不好干。

——轻松好干的活，总经理未必会想到你吧。俄罗斯菜讲究色泽，味道多样，适应性强。同样道理，做好人力资源工作，要对处理人际事务有天然敏锐，能和不同人有效沟通，能把相关知识转化为咨询技巧，解决组织层面各类问题。能下决心实现人文关怀的人，就可以考虑转行了。

——话说一直以来有个前景让我很神往，就是做了人力资源就能知道所有人工资。

——不怪你，连我好多商学院同学都这么想！确实人力资源部掌握着公司一些机密，而且还是一般员工不知道却特别想知道的，不仅仅是工资信息。人力资源部有时看上去还能做决定，殊不知这都是权力幻觉而已，你做过财务应该更清楚。俄罗斯黑麦面包，卖相不起眼，香味和口感上佳。同样道理，人力资源部也不会是公司的高光区域。能摒弃这种虚荣感的人，就可以考虑转行了。

——如果真的转行了，怎样才能做好人力资源工作？

——从资深同行兼玉石同人符勤先生身上，我学到以下几点，一是能够不断学习；二是能实现跨行业体验；三是在专业领域的道、法、术、器上有所成就；四是在公司发展中体现价值感；五是对公司运作及战略极其熟悉。

——哎呀，这么全面复杂，我都不知道自己能不能胜任。不过您刚说过人力资源对结果的间接影响，所以通常总经理不会指望人力资源像销售一样，短时间扭转乾坤。

——好友大眼姑娘是销售总监，今年背上六个亿指标，头更大了。人力资源不用这么急进和看重短期效益，反而是可以长期稳定发展的领域。说一千道一万，如果你善于交流，乐于分享，助人为己任，就可以简单而坚定地选择这一行。就像俄罗斯菜，只要你喜欢喝伏特加酒，就没有什么吃不下去的。

——俄罗斯菜这个梗算是被您用坏了。谢谢徐老师，我知道该怎么和总经理谈了。对了，您用中文名 *Yili* 后，周围人接受程度怎样？

——别提了，我以前英文名字常被人念错为某知名运动品牌，改回中文名以为就没这烦恼，不曾想还是有人问我，"*Yili*？为什么你不叫蒙牛呢？"

——哈哈，事与愿违，没地儿说理去。今天聊得好愉快，这一餐我请。

——用你们年轻人话说——必须的。

好的鞭策像夏天的可乐

［要讨论人生新动力，最好的去处是——航站楼候机厅。旅客由不同地方来，又往不同地方去，恰如生活轨迹繁花多样。各色人等应有尽有，怀旧者戴着六十年代风行法国渔夫帽，落伍者穿着九十年代保龄球鞋，失败者仔细阅读《地铁时报》周末版。耳畔脑后传来众多婴儿啼哭合唱，似在提醒你，此行并非坦途。］

——飞机又误点了，每次都是"流量控制原因"，真讨厌！

——上次听人说"真讨厌"是日剧里警察逮捕罪犯时，对白是"给您添麻烦了"。你不见得能猜到谁说的哪句。我国夏天各地多雷电降雨，飞机延误也是常事。我送你两个字"淡定"。

——又不是粤菜怎么淡呀。被困在机场，您就真不着急？

——对结果没有影响，着急也于事无补，不如像我一样静下心来读书，或者听听歌也行。吴莫愁这首《没差》真棒，"苦，苦，手机破碎中"，形象描述了现代人依赖移动通讯的悲哀。

——怎么会是手机？徐老师，应该是"苦苦收集，破碎中"。您汉语听力约等于荷兰人水平。

——被延误的旅客心情也是"破碎中"，我朋友云飞遇此情况，爱在朋友圈宣泄不满，或者用微博呼叫知名人士，却从未见效。要促进事情结果，先确认对象是谁。起飞最大障碍是天气，对此无论航空公司或是旅客，一点辙也没有。

——遇上老天算我倒霉。遇上人就不同了吧？

——找准了人，就看利益态势了。让双方都有利的行为，你才可以影响；

光是对你有利的行为，就不见得可行了。

——有道理，航空公司有效益考虑，何尝不想准点飞行。那给旅客提供更明确的消息，应该对他们也不是坏事吧。

——照理不差，但从多年误机经验看，似乎航空公司出于不为人知的因素，谢绝与旅客分享信息，而偏好用模糊语言拖延事态。这恐怕是人与人之间互动的难题，无法掌握对方真实心理，也就难以实施影响，所谓"人心隔肚皮"就是了。

——听着很绝望，您有没有点正能量例子啊？

——有啊，近来社会学家发现，欧美素食主义又掀高潮，原来是提倡者们用了崭新而有效的影响策略。你觉得怎样才能说服别人吃素？

——随便想想就有好多，我学给您看。清教徒说，"弃绝世俗欢愉才能获得高尚，吃素让人禁欲"。佛教徒说，"灵魂会转世，吃素让人净洁"。思想家卢梭说，"食肉是野蛮人的标志，吃素让人文明"。歌手莫文蔚说，"屠杀动物很残忍，吃素让人道德"。政治家戈尔说，"养牛碳排放造成地球变暖，吃素让人环保"。医师徐明说，"蔬菜能降低罹患癌症风险，吃素让人健康"。

——哇，想不到你知道还真多啊。

——我可不是吃素的，犄角旮旯知识难不倒我。

——论据貌似非常有力但效果不彰，关键在于观点都面向与自己同声气的伙伴，而不是目前热衷吃肉的人。你觉得普通人排斥吃素是何原因？

——让我想想……明白了，因为素菜不好吃！

——正解！近十年对素食队伍扩张最有帮助，正是以黛博拉·麦迪逊和西蒙·霍普金森等为代表一批名厨出版素菜食谱，她们证明了，盐烤土豆配青豆也可以满足食客口腹之欲。套用马斯洛理论，当且仅当满足蛋白质需求后，人们才考虑文明、环保乃至自我实现，否则都是白搭。

——什么时候才会有《舌尖上的素餐》？看来找到切入点，激发对方并不难。

　　——话没错，不过很多人，尤其是管理者，往往做不到。他们以己度人，自己追逐利益，就用金钱打点一切；自己爱慕虚荣，就用头衔解决一切。十六年前所在公司总经理有香港人重实利的特点，我提出辞职去读商学院，他的挽留名言是，"工商管理硕士还不是想做经理，我现在就提拔你不就得了？"

　　——这位老总忽略了，许多人为了获取知识才去读书，而不仅是升职。

　　——我表达这个意思后，他换用别种利诱，仍是挽留名言，"你知不知好多人看重这个位置，你前脚走，后脚就有人要扑上来坐？"我哑然失笑，回答说"正好啊，我不想，您又何必勉强；那些人想，您应当把机会给他们。"同事们都说这是抽了他一大嘴巴。

　　——态度决定结果，了解对方动力所在，才是实现影响第一步。您有好的动机测验吗？

　　——提到动力，这是管理学、心理学、社会学的大课题，研究方法、学术派别多到你记不住，有机会再聊。我倒是想说，即使掌握了对方动机，也要懂得灵活运用各种手段，才能实现行为驱动。在工作场所，通常表现为更为敬业投入的员工队伍。

　　——您都推荐哪些实用招式？

　　——追寻梦想是所有人的原动力，真激情能鼓舞人不停前进，付出乃至牺牲一切也不计。不少经理人部署员工时，光考虑任务完成便利，而忽略员工个体需要。我曾提醒朋友，她麾下新员工给发票盖章固然表现很好，让她一直困守而不提供发展机会，休怪人家某天突然辞职。放飞梦想也包括允许员工自由表达观点，不受局限展现创造力。谷歌就允许工程师将五分之一工作时间用于追求自己爱好。

　　——如果员工觉得工作里没有创造性，该怎么办？

——员工未必总能看到工作所创造价值。为此不妨唱一些高调，劈几句情操，但凡出于真诚，并不恶俗。柯达要员工"凝固美好瞬间"，而不是冲印照片；星巴克要员工"带来愉快体验"，而不是煮咖啡；永琪要员工"打造完美形象"，而不是剪头发。谷歌让员工觉得每天都在创新让世界更互联更美好，这得有多激动人心啊。

——好像在谈远景，又好像在打鸡血。世界并非鲜花满地，如此鼓动能持久吗？

——允许员工自主管理非常重要。美国底特律的流水线让工人变成单个作业环节专家，却失去了责任心，工作得过且过。上世纪七十年代瑞典沃尔沃公司推行自主管理团队，从头到尾负责整辆车生产过程，效率和质量指标都大幅度提升，成为赋予员工主人翁责任感的经典例子。谷歌非常鼓励工程师们自行组织研发团队，层出不穷的新产品就是例证。

——不见得每个员工都能承担重大责任吧。

——确实，让员工运用全部的天赋和技巧，在工作中效果会最好。工作设计通常用职位说明书框架，套用员工能力，因而错失了未开发部分。嘉楷去美国留学，华尔街投行看中他出色的数学建模技能，雇佣来设计金融衍生产品。但他志不在此，金融危机后顺势离开，回到湾区 *UC Berkley*。

——原来还有男生志向是烘培蛋糕啊。

——怎么会是蛋糕？是 *Berkley*，不是 *bakery*。你英语听力约等于波兰人。嘉楷在加州大学伯克利分校攻读博士，研究金融政策的学术道路能让他才华得到更全面发挥。谷歌部门界限模糊，又提倡内部转岗，员工更可能找到最满足自己才能发挥的岗位。

——放飞梦想、提升价值、赋予责任、发挥技能，都是很好的做法，此外还有什么？

——没有人能头一次做事就很擅长，无论是销售拜访、撰写提案还是接吻。

经理有义务说明，员工在他眼里到底是王语嫣，还是木婉清。有心上进的人克服对批评的排斥，反而生出前行动力来，就像夏天喝的可乐，凉到心底后让人头脑清楚。建设性意见又叫"鞭策"，就是这原因。担心尖锐反馈会造成尴尬对话，但比起绩效不良时的纪律处分，怕是要愉快得多。谷歌评价体系核心就是频繁而全面的反馈，策动全方位交流。

——谷歌看来很强大，苹果有乔布斯时什么也不怕，现在就难讲了。依您这么说，让员工保持工作动力，完全是可能的。

——《心动五百天》[1]，是暖人心脾的夏日电影。我喜欢钻研其中细节，比如结尾出现的 *Autumn*，你知道演她的 *Minka Kelly* 的父亲是 *Aerosmith* 当家人吗？

——是那家热水器公司 *A.O.* 史密斯吗？

——怎么会是热水器？ *Aerosmith* 是著名摇滚乐队。你英语听力约等于芬兰人。算了，误会梗再用下去就没劲了。仔细看电影三十一分三十三秒开始的两分钟，男主人公汤姆第三十五天和第三百零三天的心情落差，就是有无动力的区别。某个时期我常用这段影片做新员工培训的楔子。

——您这么强力推荐，我回家要重看。起飞时间终于来了，吃冷饮庆祝！话说苹果要出冰淇淋，牌子一定是 *iScream*，有道理吧？

——很有创意。谷歌要出冰淇淋，牌子一定是 *G-Lato*。

——是意大利语吗？嘿，就没您不了解的犄角旮旯知识。

---

1. (500) Days of Summer, Fox Searchlight, 2009

轻易不与语言为敌

［要讨论身心俱疲，最好的去处是——天真楼病院。新古典主义风格建筑，大理石墙壁之间用糯米加固，可以扛住八级地震，却无法延阻流感病菌传播。撑不住了才来医院的病人，和撑不住了才能离开的医生，构成独特的共生关系。心病难治，甚至当你以为心魔已除，转过身时，那个家伙仍旧在那里。］

——徐老师，没想到您会来看我！

——听说你病倒了，很惊讶。到底是什么情况？

——工作太累了，几个项目同时高强度进行，深夜我在办公室加班，突然两眼一黑就倒下了。周围没同事，幸好被业界良心小偷发现，打了急救电话才救我一命。

——人生最好接受命运摆布，不耐烦而去校对时间的人，会衰老得更快。现在身体复原了吗？

——好多了，脑子还是昏沉，提不起精神。心里觉得空空的，很遗憾。

——现代人们过于关注沟通速度，而忽略精度，这是我的观察。语义学上说，后悔（*Repent*）和遗憾（*Regret*）有相当差别。如美国作家丹尼斯·约翰逊说的"错误引发后悔，错过导致遗憾¹"。"悔"是完成时，"憾"是未完成时，大致是这样。对目前的情况，你有什么可遗憾的呢，也许是错过了项目完工的庆祝会……这真的是你此刻的心情写照？

——才不是，我觉得那么辛苦把身体搞垮了不值得，应该用"后悔"才对。不过当保尔·柯察金说"当回首往事的时候，他不会因虚度年华而悔恨"时，他又在指什么？

——显然柯察金同志有伟大共产主义理想为依托，和你不能相提并论。

---

1. You repent the things you've done, and regret the chances you let get away.

此外在二十世纪二十年代，职业倦怠尚未为人知道，还没成为科学家研究的概念。

——职业倦怠是什么概念？

——是指员工在工作压力下产生身心疲劳乃至衰竭的情况，日本人称为"过劳"。你这次病倒就是典型的职业倦怠，不善加处理很有可能造成更严重的情况，甚至危及生生命。

——听上去好可怕。社会竞争激烈，不拼没出路，在机场上课的老师都这么说，我堂兄也这么说。

——你堂兄是唱《爱拼才会赢》出名的台湾嘉义人叶启田吗？

——不，他2000年毕业后在咨询公司努力工作，前年当上了合伙人，是我们小区的传奇。

——年轻人失去自由，超负荷工作，遭受剥削和折磨，好在结局光明。原来你堂兄是电影《为奴十二载》[2]的原型。

——徐老师，您现在越来越犀利了。

——目光和语言有联动，我只是用与一般人不同的观点看待事物并如实阐述而已。这位病友又是什么情况？

——二床是名牌大学高才生，考入知名企业管培生计划，一直表现出色步步晋升。后来内部竞聘时输给了同期生，就此精神崩溃，兼有腰椎间盘突出，彻底垮下来。

——这是职业倦怠中一种常见情况。成就体验下降，由于遭受挫折而消极评价自己，并伴随无力感，进而失去对工作的兴趣。对这位病友而言，同期生的成功无疑是诱因。

——遇到这种情况，换了我肯定也是满心的羡慕嫉妒恨。

——现代人们爱将相近概念做不恰当的归拢混为一谈，这是我的观察。

____
2. 12 Years a Slave, Fox Searchlight, 2013

语义学上说，羡慕（*Envy*）和嫉妒（*Jealous*）有相当差别。如瑞士经济学家罗尔夫·多贝里说的"羡慕指向事物特征，嫉妒指向第三方行为[3]"。"羡"是想自己获取，而"妒"则是不想他人得到，大致是这样。

——我明白了，普通人羡慕的是高富帅的高富帅，嫉妒的则是美女跟高富帅跑了。

——同期生得到了你病友梦寐以求的职位，说"羡慕"意指仰慕同伴的才华，并不合适。这种情绪应当说是"嫉妒"更为准确。对了，为什么会输给同期生呢？

——给管理层做简报时惊慌失措、词不达意，给董事长留下恶劣印象。

——不就是做个简报吗，至于搞成这样吗？

——您不知道，本来在部门内讲得挺好，当天看见下面黑压压人群里有很多副总裁什么的，结果就怯场了。

——现代人们敢于挑战词汇的使用范畴，这是我的观察。语义学上说，晕场（*Choking*）和怯场（*Panic*）有相当差别。如美国作家格拉德威尔说的"晕场是想太多了，怯场是想太少了[4]"。晕场了本来会的事也做不好，怯场了本来不太会的事更做不好，大致是这样。

——由于台下出现了高管，本来出色的简报能力急剧下降，这正是典型的晕场现象。那怯场是怎样的呢？

——当年高考的时候，我解方程能力不扎实，到了考场非常紧张，就更想不起来，生生错一大题，这就属于怯场。或者歌手本来歌词就不熟，到了演唱会现场，当时就唱走样了。

——爱忘歌词的成名歌手，您说的是唱《爱相随》出名的香港西营盘人周华健，还是唱《爱如潮水》出名的台湾云林人张信哲？

——你娱乐知识确实丰富。我看你病友情绪低落，缺乏活力，非常疲劳

---

3. The subject of envy is a thing. The subject of jealousy is the behavior of a third person.
4. Choking is about thinking too much. Panic is about thinking too little.

的样子，这是职场倦怠另一种常见的情况，情感衰竭。最好能调整心情，放下包袱，毕竟人生路还长着呢。真正的旅程，只需要一颗洒脱的心。

——这句话很响亮又很顺耳，是爱旅行走遍中国出名的江苏江阴人徐霞客说的吗？

——不，是爱上不了头条出名的北京人汪峰在汽车广告里的台词。

——这么说跟章子怡交往也不全是麻烦。说起麻烦，前一阵姑父得了重病，我表妹日夜服侍累坏了。

——你表妹夫也帮不上忙吗？

——他忙着创业哪有工夫照顾岳父，全靠我表妹一人。她实在没法兼顾工作，请假太多得罪老板，被解除合同回家了。看她被责任压弯腰，我心里不好受。

——现代人们不愿多加推敲相似词汇的确切内涵，这是我的观察。在语义学上，责任（*Responsibility*）包含了职责（*Duty*）和义务（*Obligation*），其间略有差别。如美国商人小约翰·洛克菲勒说的"我相信权力在手，必有责任须负；机会在握，必有义务须尽；所得在我，职责亦必在我"[5]。职责与职务关联，强调承担相应结果，受合同制约；义务与身份有关，强调顾全他人利益，受道德规范。保卫祖国在公民是义务，在士兵则是职责。

——按您观点，认真工作是我表妹在企业的职责，照顾父亲是她对家庭的义务。这样的话，该如何取舍，反倒没那么挣扎了。"

——没错，有老师讲过"上班要认真，但别当真"，即工作是职责，而非义务。我主张工作时的努力程度，一定要对得起职业操守，对得起自己良心，对得起上司信任，但牺牲自己健康去拼命投入，未免过分。

——我明白，徐老师。身体好了回去上班，一定和工作保持距离，采取冷静超脱的态度。

---

5. I believe that every right implies a responsibility; every opportunity, an obligation; every possession, a duty.

——你又矫枉过正走到另一个极端了，就像公务员们按部就班，事不关己高高挂起，很容易造成工作上敷衍了事，其实也是职业倦怠的一种情况，学名叫"去人格化"，俗称"玩世不恭"。

——徐老师，您这些看法哪里来的，何必如此较真呢？

——可能是我的老派作风吧，总不能接受不求甚解一知半解。有时让人沮丧的是，工具的提升并没有带来智力的提升，人人都依赖谷歌，似乎指头一动，万事都在掌握。有道词典教不会你英语，搜索引擎也不能告诉你一切。互联网提供信息，唯有具备分析信息能力的人才能将其转化为知识，善加运用。

——徐老师，跟您聊天特别治愈……不过看您表情，我知道又说错了。

——语义学上说，我最多帮你疗伤（*Treat*）而已，远远谈不到治愈（*Cure*）。能控制病情，就算我有功了。希望以此为契机，你重新找到人生新方向，鼓起动力继续前进。我前同事东姐向来以女强人面目出现，不幸患病被迫离开职场。现在她痊愈归来，重新投入高管教练和私人董事会的工作。

——看来是刚出龙潭，又入虎穴，真是命运多舛。

——只要她自己高兴就好，从工作中能实现理想、找到乐趣，是克服职业倦怠的最佳药方。处理不慎，可能会像奥斯卡得奖男演员一样，长期遭受抑郁折磨，陷入滥用毒品的泥沼，最后撒手人寰。

——您说的是《心灵捕手》[6]里的罗宾·威廉姆斯，还是《卡波特》[7]里的菲利普·西摩尔·霍夫曼？。

——你娱乐知识确实丰富。他们合作过电影《妙手情真》[8]，剧本里解救无数人的幽默疗法，却没在演员自己身上起效。想起他们的命运，我脑子会闪过一个新式成语，"累觉不爱"。

——徐老师，您没用对地方，不知怎的，这似乎是另一层境界了。

6. Good Will Hunting, Miramax, 1997
7. Capote, Sony, 205
8. Patch Adams, Universal, 1998

阶前秋水孟浪 传奇次第上演

[要讨论表里分明，最好的去处是——新农村艺术小镇。精心改造后的建筑群，既有包豪斯工业硬朗外观，又保留乡间慢生活恬淡氛围。各色细节应有尽有，美术馆墙外谐趣雕塑，村委会内扬谷机，咖啡馆门上风铃。秋葵在菜园里茁壮成长，上世纪引入我国后默默无闻，最近摇身变为热门畅销蔬菜，它不啻是村庄命运的象征。]

——居然会在这里遇见你，真是躲都躲不开。最近忙什么呢？

——别提了，之前策划参与冰桶挑战，接下来双十一购物狂欢节。我为客户做提案死了好多脑细胞，特地出来轻松下找找灵感。

——算是夹在两个传奇活动中间了。冰桶挑战热潮告一段落，你觉得目的达到了吗？

——老板在宾馆亲水台阶上拍摄的视频流传甚广，效果非常好！虽然他被猎头同行点名时火很大，但想到最近刚收购了几家公司，急需扩大影响，一咬牙还是做了。

——你都这么说，看来有认识误区的人真不在少数。

——我肯定是遗漏了什么……对了，好像这跟什么疾病有关？

——最早发起者波士顿人皮特，挑战朋友们要么冰桶泼水，要么给对抗 *ALS* 捐献一百美元，或者都做。过程中人们停留事物表面，逐渐忽视本意，等陈光标登台做秀后，活动已经彻底变味，成了各路人马争相表演的场地。

——您又苛责了，如今是眼球经济时代，这么做再正常不过，撇开募款数目增长四倍不说，至少提高了大众对 *ALS* 的认识。

——真的吗？你倒说说，*ALS* 代表什么？

——ALS，是不是*All Leaders Suck*······您这么计较，有意思吗！

——全称是*Amyotrophic Lateral Sclerosis*，意思是"肌肉萎缩性侧索硬化症"。和大众传播时代许多现象一样，冰桶本来是募捐过程中的消遣，最后喧宾夺主，导致无边偏差。轰轰烈烈开头，如今却连提升大众智识都未达到，用日语说真是"大山鸣动鼠一匹"。

——意思和汉语"雷声大雨点小"一样吧，要说日文表达确实形象。

——各层级名人如今不往自己身上泼一桶，都不好意思出门。其实，真正的利他主义者不用博眼球出名，默默地捐款就可以达到目的了，比如美国总统奥巴马，就选择捐款而不挨泼。他因此招致许多批评，我觉得有失偏颇。

——雷锋同志做好事从来不留名，默默写在日记本里，也是他选择。就像餐厅自助餐，每个人都可自由选择。

——是啊，正如日语里提到"放题"，就是自助餐。

——放蹄？放开蹄子让牛随意吃草，要说日文表达确实形象。

——别糟蹋日语了，不是牛蹄之蹄，是题目之题，"放题"是相对于"命题"而言，取其自由发挥简单易行之意。

——圣经说"天下本无新鲜事"，类似接力扩散活动早已有之。

——我读小学年头就有连环信了。通常要求收信人抄写若干份，再邮寄给自己朋友，从者有好事，不从则有坏事。虽然老师一再教育我们这是诈骗，还有同学偷偷地做。

——纸质信概念好古早。如今都是电子邮件了，微信里好多转贴也属于这类吧。

——活动几经打压，不但未曾消失，反而与时俱进，其中必有道理。我经过一段观察，发现发起人掌握了三类人群心理，故此游戏才有顽强生命力。一类是无聊中打发时间，比如我同学老马，设计院长工作繁忙压力太大，就靠看微信、勤转贴来解压，一晚发十几贴，让人不甚其扰。我本想拉黑他，有次读到评论栏里他太太抱怨，增添了同情，念头也就消散了。

——真想不到老马学者气度、暖男风格，也有不为人知一面。

——你没跟他一起唱过 *KTV*，自然无从得知。第二类人可以说是盲从，相信人多无患[1]，跟着大流走不会有错。互联网推手们抓住这种心理，有意塑造假象，又常与社会热点挂钩，制造群体压力。最著名莫过于日本电影《贞子》从没上映却需要大家集体抵制，或者"腾讯董事长陈佳明"每次苹果新产品出来时必定会揪住钓鱼岛归属不放。

——实不相瞒，徐老师，那是我当年在公关公司给客户做的小样，用来展示网络病毒传播威力。做方案时耳机正在放《城里的月光》，就借用了陈佳明名字。没想到这些年过去了，还在流传……

——我也不知道该夸你脑瓜灵光，还是骂你人品太次。第三类人我很同情，他们为诅咒邮件胁迫，如"属兔的必须转不然倒霉"，抱着"譬如不是"态度，转贴以求消灾。我曾向某熟人质疑，以她的高智商为何不能识破帖子漏洞，她的回答很有代表性，"不转的话怕妈妈会生病"。有趣的是，她至今隐瞒自己离婚的事实，理由也是，"怕妈妈知道了会生病"。妈妈成了她回避现实的挡箭牌。

——我明白了，受噱头干扰偏离主题，或者倦于思考错失主题，都是陷入了认识误区。那您说究竟该怎么认识世界呢？

——中国文化的特有认识方法，毛泽东同志表述得最透彻。在《中国革命战争的战略问题》里他说，"将……各种材料去粗取精、去伪存真、由此及彼、由表及里的思索，然后将自己方面的情况加上去……"

——从您刚才谈话，我体会最深莫过于"由表及里"四个字。人不能停留在表面现象，而要探寻实质，否则容易上当。

——细路仔够醒目！《朱子语类》里多处讨论过"知其然"和"知其所以然"的关系，可以用来借鉴。

---

1. There is safety in numbers.

——读书太耗费时间。您能给举个现实例子说明下吗？

——就说你提到的电子商务吧，为什么近年来呈风起云涌之势？

——我的电商客户会认为，来自于马云先生等人高瞻远瞩。哈哈，说完了自己都想笑。

——这没错，但英雄也要应运而生。回到经济学最根本理论，无非是供求关系需要得到满足。纵观经济发展中创新，至少要在需求或者供给一端有所突破才行，否则难以形成效果。

——有道理，十八世纪中叶瓦特蒸汽机让工业生产效率大大提升，迅速提高了供给，二十世纪信息技术革命也一样。

——淘宝为代表的电子商务解决了什么？本质上是消费需求梳理，这其中又包括两部分，一是将以前线下实体商业的需求转换为线上来完成，所以和电子商务蓬勃发展并行，是传统商业萎缩。二则是将以前难以满足的零星边缘需求，通过线上整合与供给方实现配对。

——对啊，我以前要找布谷鸟挂钟，跑三家店没有就只能放弃，现在上淘宝搜一搜，*1600*件宝贝在等我。布谷鸟挂钟生产厂家本来发愁上哪里去找客户呢，现在也不用担心了。

——需求挖掘整合效果确实惊人，安德森《长尾理论》里有详尽和透彻论述。但这只是供需关系的一半。我同学就职某知名化妆品企业，去年双十一当天就收到了平日两个月订单。

——那可不得赚死了。

——实际上是赔死了。一是购物节货品都是低价打折，利润空间本来就小；二来形成巨额订单彻底打乱了供应链，为此原料采购、生产和物流都产生了不小额外费用。

——我明白了，如果不能提升供给精准性，光在需求端努力不够。

——是啊，马云先生应该也是看到了这个问题，所以才注资成立了菜鸟网，试图用互联网新技术解决物流问题。个人觉得还不够切题，要实现新突破，本质上要从生产环节入手。我非常看好三维打印技术，客户付费下载数字模型文件，再采购可粘合材料，在家里就可以实现物体构造。

——如此一来，商家和消费者之间交易的是信息，而不是实物，原有物流瓶颈就不复存在了。前景确实诱人，不过多快能实现呢？

——全人类注意力都集中在同一方向，进步速度会超出所有想象。二十年前，我绝对想不到会每天用小屏幕智能手机看邮件、读文章、玩游戏、购买商品，甚至偶尔还打电话。从 *2011* 年开始，三维打印飞机、手枪、人工肝脏都有了，*2014* 年八月十幢打印建筑在上海张江亮相。房子都来了，美好生活还会远吗？

——话是这么说，我觉得未来固然美好，个人不见得能从中得益。就像当下秋日，既是果子成熟粮食收获的季节，也是落叶缤纷万物凋零的开头。

——年轻人用不到那么感伤，万里悲秋还是留给我们老头子吧。*Worry about future is not living*。

——曹丕有诗"人生如寄，多忧何为"，译成如此英文很贴切。句子真好，是哪位西方哲学家说的？

——实际上，是一位晚期癌症病人。

——您总是能让人惊讶。

云集雾散寻常事

[要讨论悲欢离合，最好的去处是——"孔雀草"先锋剧场。两年前由快餐厅改建而来，保留原有弧形屋顶和红黄色墙壁。各色故事应有尽有，小苹果舞蹈大师伏地魔，爱斯基摩人用大提琴做独木舟，新好男人黄海波。舞台上情节再跌宕，也不及真实人生离奇，再精彩的戏，也有完场的一分钟。退散时务必看路，否则……]

——小心！差点你就撞上玻璃门了。

——*Sorry and sorry*，我脑子里想着事走了神。

——这么心不在焉，遇上什么棘手的事吗？

——*You bet*！我刚加入新公司一个礼拜，突然宣布被行业老大收购了。这下子左右为难，前途未卜。

——嗯，真是不好办呐。你担心什么？

——最要紧是收购方会对员工怎么安置，还会不会保留工作，*who knows*。我当初跳槽还是太冲动，爷爷说对了，一动不如一静。

——其实未必，你留在原来公司，可能也会被收购啊。

——我命这么差，*are you kidding me*？

——这可不好说。按中国本土风俗，命已注定，运程可改。用科学观点说话，你相信牛顿力学还是量子力学？

——*No fools*！怎么就扯到物理学呢？

——牛顿力学认为空间中每个粒子的位置跟速度都可以用定律来计算，未来的人生、未来的历史是固定的；量子力学认为两个粒子在空中碰撞以后在空间中的分布是用概率来决定，未来的人生、未来的历史完全是偶然的。

——*So dreadful*！跟我目前的问题好像不搭界。

——*Unsolicited opinions are usually underappreciated.* 希望你不会觉得我是在多管闲事。很多事情不在人的掌握，费尽心思也与事无补，不如报着平和心态，静观其变。

——不是当事人说话真轻松，*You can you up*。

——抱歉我没有表现出同理心来。商场上收购是常有的事，正如古人说"天下之事，合久必分，分久必合"。

——还在引用《三国演义》？ *Be cool, man*, 用不着在这里掉书袋。

——上千年的道理现在还成立。英国学者汤恩比有类似见解，历史是螺旋式的上升或下降，会有一定的重复规律和表征。

——历史社会先放一边，*what the heck* 企业要收购？

——企业宗旨为股东创造价值。当收购或者拆分能带来更好的投资回报时，一定会这么做。有人卖，有人买，自然就成交了。

——股东赚大钱，小人物就身不由己任人宰割了，*innit*？ 企业怎么挑选收购对象呢？

——通常是看现实利益与价值认同两方面，这和普通人择偶考虑不谋而合。现实利益可以是市场扩张，比如医药巨头拜耳收购默沙东非处方药业务，除了延伸产品线，还可以扩大自己在美国市场的份额。

——我用开瑞坦治鼻炎好几年了，居然……*wait a minute*，这跟我没关系。

——有些收购是为了扩大规模从而削减成本，当初辉瑞提出收购阿斯利康，也是打英国公司营业税低的主意，可惜最后破局。有些收购是看中研发能力，比如谷歌收购摩托罗拉移动，旨在获得丰富的专利，而不是日渐没落的手机终端，所以软件部分整合大功告成后，就把硬件部分转手卖给了联想。

——用完了一脚踢开？ *That's so messed up*。干爹们对郭美美都不带这样的。

——现实利益会触发收购，但价值认同才能保证收购成功。当年 *TCL* 收购法国汤姆逊后水土不服，双方运作模式差异太大难以协调，最后以巨额亏损告终。业界人士评论这是"李东生的敦刻尔克。"收购是高风险的活动，有研究说 *70-80%* 的收购以失败告终。

——离婚率高不到那个地步的，*believe it or not*，婚姻更靠谱。我想知道卖业务的公司又怎么考虑？

——有时是剥离非核心业务，比如默沙东通过出售非处方药业务获取资金，得以将精力集中于公司优势所在的治疗领域。有时是实现企业转型，比如飞利浦近年来着重发展医疗保健业务，最近高调宣布，要拆分旗下的照明业务为独立公司，并引入战略投资者。

——*Oh my god*，飞利浦是从灯泡起家的，这也太狠了吧。

——这不是飞利浦第一次这么做了，之前卖手机业务、电视机业务、显示器业务，哪次不是闹得满城风雨。

——*Company be crazy*！看来卖公司也容易上瘾。

——凡事要讲究度，过犹不及。连续剥离资产的企业，搞不好就陷入恶性循环败象迭现。这道理就像女明星习惯性跟男友分手，也容易得差评。

——还在吐槽王菲呐，*that is SO last quarter*。

——怎么会扯上佛乐天后，我是说泰勒·斯威夫特。她每分手一次，就写一首吐槽前男友的歌曲，直到立下专业反男斗士的名头，再没人敢惹。

——*Guess what*？大叔都开始关注了，难怪她星运暗淡。

——拉拉杂杂说了这些道理，你应该对收购的事看开了吧。

——那已经摊上了被收购，*what can I do*？

——我有几条建议。不过你先得好好说话，别在汉语里夹些没料的英语。

一是"听其言，观其行"。几乎每家公司都宣称"人力资源是最重要的资产"，但最好还是看他们宣布的组织结构、安置方案等等，再确定自己是否适合待下去。千万记得，要是人力资源代表笑眯眯来跟你谈绩效改进，就该是广发简历找工作的时候了。美国互联网流媒体*Netflix*的负责人早就透露了人力资源圈的秘密，绩效改进计划从来不是为改进绩效，而是为解雇员工做准备的。

——当初辅导员挂在嘴上的"一颗红心，两种准备"，就是说这个吗？

——二是"自我增值，立于不败"。人身上的价值，一是个人特有的，包括个人能力和经验；二是公司特有的，包括头衔、资历和人脉等等。前者你可以带走，后者离开公司就没了。被收购方的员工，公司特有价值会急速贬值，如果个人特有价值不够多，在企业的前景就堪忧了。

——这个观念我前所未闻，看来要定期盘点自己的人力价值。

——没错。人不能妄自尊大，以为所有成绩都是自己干出来的；也用不着妄自菲薄，以为离开公司金字招牌就玩不转。我认识一位男士就缺少自我认同，离开通用电气后老担心别人看不起他，低着头走路，连微信头像都是挂的他女儿。

——可能人家只是万里挑一的好爸爸吧。不过确实人无自信难成事。

——自信应当来于自身实力增长，而不是像鸡那样，把鹤脚砍短来获取心理平衡，那么做既无效也违反动物保护条例。尤其不能像某国，靠歪曲改写历史，剽窃他人成就来替自己贴金。

——还在吐槽韩国学者呢，那都是恶搞，别再上当了。

——怎么会扯上先进国家大韩，我是说土耳其。上世纪为了塑造民族自尊，土耳其在高中历史课本里"重塑民族史观"，各种古老文明都归结为突厥人创立。说到中国，不仅秦始皇，连伏羲都被他们论证为"有鲜明的突厥人特征"。

——真是无奇不有。还有什么建议？

——三是"拥抱变化，坚守底线"。用积极心态来看，收购和被收购只是字面差别，关键是有没有理想。被收购后进入更大的企业集团，会有广阔用武之地，能接触新技术新产品，甚至有机会把以前被搁置的构想付诸实施。

——*Tres bien!* 别皱眉头，这可是法语。那后半句是什么意思？

——有个朋友搞技术，公司被收购后新东家要求"全员销售"，他努力尝试了一阶段还是离职了，因为不喜欢这样的工作。在新环境里为新事物新机遇欢呼的时候，千万别忘了自己要的到底是什么。要细心研究，而不是喜新厌旧。别像周杰伦一样，遇到昆凌就忘了蔡依林。

——确实，昆凌连歌都唱不好。要说长相甜美、身材突出、能唱能跳，比蔡依林还年轻十来岁的女孩子多的是，*Ariana Grande* 就挺好。

——是那个爱戴猫耳朵头箍的姑娘吗？我对她不太了解。和你谈这么多，归根到底一句话，一切都是游戏，要寻找些乐趣。

——这话跳脱无羁，是零零后偶像组合 *TFBoys* 的歌词吗？

——怎么会扯上些熊孩子，我是说已故翻译家傅惟慈，他可是翻译过奥威尔的《一九八四》，有风骨有格调的前辈。

——可惜我得走了。萍水相逢给我这么多建议，怎么感谢才好？

——区区小事无足挂齿，但你可以满足我一个愿望。据说从人听的歌能推断其性格，你现在听什么？

——帕尔哈提的歌，我喜欢他的独特唱腔。

——和我想的不一样，看来每个人都有好几面。祝你一切顺利！

——公平起见，您也得披露下。我猜应当是 *Sting* 或者 *U₂* 之类的吧。让我瞧瞧——居然是东海和银赫的 *Still You*？

——我想借鉴下，和一个同龄朋友组建乐队。名字都想好了，叫 *Super Senior*。

——*Oh Man, that name is tight!*

曲直大约在冬季

［要讨论是非观念，最好的去处是——"狄奥根尼"温泉浴场。古典希腊拱门延伸了空间感，马赛克装饰精细线条繁杂，看久了会产生晕眩。各色人等应有尽有，按摩师身着奥黛丽·赫本头像的黑衫，爱惜手部肌肤的贵妇端咖啡用两层杯套，心怀鬼胎的生意人在养生池里赤忱相见。酒店住客能享受无限次水疗，但几乎没人真这么做。］

——让您久等了，徐老师，实在不好意思。

——我通常一走了之，给迟到者一个教训。今天留下来完全出于好奇。

——其实是等我来买单吧？项目投标 *deadline* 提前了，整个部门忙得鸡飞狗跳才刚刚搞定。

——好好的"截止期"，干嘛非要说成"生死线"呢？就算生意不成，未见得有人会死吧。安徽某地强制推行火葬，有老人为了睡进棺材，在规定日期前上吊自杀，那才是真正的 *terminal deadline*。

——咬文嚼字肯定说不过您。东北已经下雪了，在飞机上望下去，"白茫茫大地真干净"。

——你会引用《红楼梦》的句子，让我刮目相看。文科生觉得意境卓然，理科生则以为不全合理。一是如今环境恶化，造成雪内部有很多灰尘，融化后会显得很脏。二来雪层之下万物蛰伏，待到春天就会复生。

——沉寂表面下隐藏真相的见解很有哲理。从摄影角度说，白茫大地上脚印形成线条，往往是好片子的基础。

——人类认知很容易受外界影响，反差造成的视觉冲击普遍存在。密歇根大学 *Schwarz* 和 *Reber* 的经典研究证明，缺少先有知识的前提下，比起白底黄字，人们更容易相信白底蓝字的陈述，虽然字体反差与陈述真伪没有任何联系。

——难怪当年指导老师都说，制作幻灯片时颜色对比要突出。

——信息呈现形式很重要，互联时代名言是"无图无真相"。即使与所讨论的问题无关，照片会改变我们的认知。新西兰维多利亚大学的研究中，看到一满盆夏威夷坚果照片的人，更容易赞同"夏威夷坚果和桃子属于同一植物科"。

——难怪青年导师王海先生每天发心灵鸡汤都配上照片。海滩和夕阳与人生道理无关，但有了它们莘莘学子更容易轻信。

——左右判断的因素还有很多，比如人们更喜欢名字朗朗上口的人和事。科学家通过实验发现，同样是"乌龟没有听觉"这句话，从 *Andrian Babeshko* 口里出来，就比从 *Czeslaw Ratynska* 口里出来，有说服力得多。

——难怪名字里缺少原音的波兰人在世界政治舞台上一直被忽视。既然认知容易受影响，是否行为也可能被操纵？

——为回答这个问题，科学家们做的研究不胜枚举。宾州大学的 *Gino* 和 *Mogilner* 想了解，人们被植入特定信息后，行为会不会发生改变。实验证明，被植入有关金钱信息的人，在实验中更可能撒谎，欺骗和作弊；而被植入有关时间信息的人更诚实。

——时间和金钱作用相反，难道说"时间就是金钱"不成立了？

——富兰克林说这话已到了工业革命，更早时使徒保罗已说过"贪财是万恶之根"。科学家的解释是，金钱信息触发人们考虑外部利益和工具性，而时间信息触发人们对内在品格和道德性做出反省。

——一内一外有很大不同。人们的动机是不是通常这样分野？

——确实，美国西点军校对一万多名学员做跟踪研究，发现内在动力强（如报效祖国）的学员，比起外在动力强（如得到好工作）的同僚，在学业、晋升、服务年限各方面都更出色。值得一提的是，内在动机强的学员群体中，外在动机弱的人表现全面超越外在动机强的人。结论是显而易见的，内在动机才是让人更出色的持久动力。

——难怪长相酷似李代沫的杨涛先生创业搞"看图班"时，招徕的伙伴工资不高，反而干劲十足。我们热心朋友也没少上传照片，都不是冲着股份去的。后来他卖了公司回携程，我也就拿到一个北脸的包。

——好好的*North Face*，干嘛非要说成很怂的"北脸"呢？就算翻译成中文，官方版本也是"北面"啊。你再这么糟蹋英文，小心我抽你南脸！

——连央视环法自行车赛解说嘉宾也这么讲，您又何必强求呢？多数人都不这样直来直去的。

——说得很对。弗洛伊德早已说明，人类并不是理性思考的高级动物。与《高效能人生的七个习惯》一类精神大麻鼓吹的不同，设想中自律理智的直线思维很少出现。人的思考模式，如以赛亚·柏林的书名《扭曲的人性之材》所说，充其量是"曲线"而已。

——您这么开销科维老先生不厚道啊，睿仕管理的潜源先生回头肯定找您算账。

——话糙理不糙，人诘我自笑。仔细说来，曲木思维认清生活里充斥讽刺，职场上拼尽全力争取成功的人往往一无所获，才能平庸运气绝佳的人倒站上峰顶。婚姻里两个本质善良不乏缺陷的人，本想通过结合成为更美满组合，却常常一地鸡毛把对方和自己都逼疯。

——庄子丧妻后鼓盆而歌，大概就是这么想吧，未免太*cynical*了。

——犬儒派德性自足的早期思想仍然值得赞赏。正因如此，曲木思维努力把人生起伏看成某种喜剧，从挫折中找机遇，从沮丧里寻乐趣，我称之为"呆呆的喜悦"。追溯起来，《淮南子》中塞翁就是个好例子。多数人只知道他的马走失后引来骏马，其实后面他儿子骑马摔瘸了腿……

——……又因此逃过了兵役。也不是人人都有那样的心理承受能力。

——曲木思维采用反完美主义态度，把妥协看成无法绕过的一步。从理想出发设立目标，从现实出发规划路线，将是最好的方法论。新兴企业开始都是纯正白，但只有变为成熟灰才能避免夭折。

——我明白了，处女座是反常人群。水至清则无鱼，文学作品里有缺陷的主人公反而更鲜活，应该就是这个道理。

——没错，我们喜爱和崇拜的领袖都是有缺陷的。正如携程人力资源高级总监施琦先生在西部人才发展年会中指出的，"马云先生大力宣扬的很多东西，他自己都没做到啊！"其实他说的是，有魅力的领袖善于摆布他人，也往往认为规则都不是定给自己的。

——这么指摘中国首富要小心呐，亿万网购吊丝发动起来，让您吃不了兜着走。

——幸好我支付宝里没有余额。天地会总舵主陈近南的名言"反清复明只是一句口号而已"振聋发聩历久不退。其实他说的是，老谋深算的领袖善于鼓动群众，也往往口不对心，觉得对蠢人就用不着说真话。

——我读书少，他们也不能蒙我呀。

——往好处想，这说明在他们眼里你有价值。假发控自大狂的地产商唐纳德·川普[1]最爱说一句话"*You're fired!*"。其实他说的是，身先士卒的领袖善于用成功包装自己，也往往固执认为自己永远正确，别人都是错的。

——我觉得吧，不成功的人也这么自认为来着……有什么终极腹黑领袖的模板我能效仿吗？

——当然是《致命毒师》[2]里的 *Walter White*，俗称"老白"，这是《经济学人》专栏作家熊彼特的意见。老白没钱治病铤而走险炼毒，无奈而悲壮的出发点，与很多企业家雷同。他的经历证明了几条颠扑不破的商业定律，首先被别人

1. 写这篇专栏时，我完全没料到他后来选上了美国总统。
2. Breaking Bad, AMC, 2008-2013

忽略的领域往往才有高增长，老白用化学知识给毒品行业带来了全新的产品概念。

——老白家在新墨西哥州阿尔伯克奇，这是影射同样由此创业出走的比尔·盖茨吗？

——制作人和编剧死不回答你也没办法。老白的远大雄心眼光，对高品质痴迷，以及选用专才负责分销，都是教科书般的商业实践，成功不奇怪，甚至是必然的。老白身上缺陷明显，多疑毁了他与 *Jessie* 的师生情谊，双重身份破坏了家庭生活并引发人格障碍，迷恋权力使他持续与其他毒枭冲突。最关键的是，长期成功带来的傲慢自大，注定了他最后越界太过而毁灭。

——戏是真好，就是结尾让我不满意，总觉得意犹未尽，好多线索没发掘……上司电话来了，看来得回去加班，聊得正欢呢，这……

——戛然而止，回味无穷，恰是我中意的弃绝方式。就像当年《黑道家族》[3]末一集的突然黑屏实在是神来之笔。恐怕以后和你深谈的机会是越来越少了。

——怎么您不乐意和我再聊了？

——非也非也。现在是碎片化时代，标题党忙着抓眼球，读者鲜有工夫认真阅读，多是不明就里地点赞、吐槽和拍砖。稍有深度的思考辩论已成异类，我们又何必勉为其难？就像甘蔗咬到无味就该放弃了。

——冬天是吃不到甘蔗的……不如去伊豆看雪吧。

---

3. The Sopranos, HBO, 1999-2007